AF157047

Aktenstücke

zur

Frage der Gotthardbahn

Februar 1869 bis Ende April 1870.

———————————

Springer-Verlag Berlin Heidelberg GmbH

—

1870.

ISBN 978-3-642-50602-4   ISBN 978-3-642-50912-4 (eBook)
DOI 10.1007/978-3-642-50912-4

Die gegenwärtige möglichst vollständig gehaltene Sammlung von Akten-stücken zur Frage der Gotthardbahn, die den Zeitraum vom Februar 1869 bis Ende April 1870 umfaßt, wird über die Stellung der verschiedenen Regierungen zu der internationalen Angelegenheit sowie über die augenblickliche Lage derselben orientiren. Die Schriftstücke waren zum Theil veröffentlicht, zum größeren Theil erscheinen sie hier zum erstenmal im vollständigen Text. Einige durch halboffizielle Blätter beglaubigte Analysen schweizerischer Dokumente sind beigefügt. Mehrere in ungenauer Fassung publicirte Aktenstücke werden hier im richtigen Wortlaut mitgetheilt. Die Verhandlungen der preußischen und badischen Kammern sind nach den Stenographischen Berichten und nach der Karlsruher Zeitung gegeben. Der Anhang endlich enthält einen interessanten Artikel der Norddeutschen Allgemeinen Zeitung über die in der Frage thätigen Parteien, womit die Sammlung bis zu dem angegebenen Zeitpunkt abschließt. Eine weitere Folge je nach der Entwickelung des Unternehmens bleibt vorbehalten.

Inhalt.

Inhalt.

Interpellation

im

Preußischen Abgeordnetenhause.

—

In der Sitzung des Preußischen Abgeordnetenhauses vom 27. Februar 1869 richtete der Abgeordnete v. Sybel an das Staatsministerium folgende zahlreich unterstützte Interpellation:

Die Regierungen Preußens und anderer dem deutschen Zollverein angehörigen Staaten haben in Gemeinschaft mit der schweizerischen Eidgenossenschaft bei Gelegenheit der Unterhandlungen in Betreff eines Handels-Vertrages zwischen dem Zollverein und der Eidgenossenschaft die hohe Bedeutung einer durch die mittlere Schweiz zu führenden direkten Eisenbahn-Verbindung zwischen Italien und Deutschland anerkannt und diesem Anerkenntniß Ausdruck verliehen.

Die inzwischen erfolgte Herstellung der Brennerbahn auf österreichischem Gebiete und die bevorstehende Verbindung des süd-französischen mit dem sardinischen Eisenbahnnetze durch den Mont-Cenis und wahrscheinlich auch außerdem über den Simplon lassen die Nothwendigkeit jener direkten Verbindung, sei es über den St. Gotthard oder einen andern Alpenpaß der mittleren Schweiz im Interesse der kommerciellen Beziehungen Deutschlands zu Italien und der Betheiligung Deutschlands an dem direkten Verkehre über Italien zum Oriente und weiter mehr und mehr hervortreten.

Ich stelle daher an die Königliche Staats-Regierung die Anfrage,

1) ob den Eingangs erwähnten internationalen Verhandlungen über die Herstellung einer direkten Eisenbahnverbindung mit Italien Fortgang gegeben worden ist? und

2) eventuell: ob die Königliche Staats-Regierung noch immer geneigt ist, dem Zustandekommen eines solchen Unternehmens ihre Theilnahme und Fürsorge zuzuwenden?

Nachdem sich der Herr Handelsminister Graf v. Itzenplitz zur Beantwortung der Interpellation bereit erklärt hatte, begründete Herr v. Sybel dieselbe in folgender Weise:

Meine Herren! Ich hoffe, daß der Gegenstand meiner Interpellation eine gute Aufnahme bei Ihnen findet. Er ist geeignet, aus dem Detail unserer bisherigen Arbeiten unsere Geister einmal hinauszuführen in ein weiteres Feld nationaler Interessen; ich hoffe, daß es Ihnen wohlthun wird, wenn Ihr Geist auf einige Augenblicke hinausgeführt wird über die Grenzen unseres engeren Vaterlandes, berührt wird durch den Gedanken, die Thäler und Höhen der schweizerischen Alpenwelt durch ein gemeinschaftliches Werk zweier großen Nationen durch die Resultate neuester industrieller Fortschritte zu überwinden. wenn Sie hingeführt werden auf die Bedeutung, welche diese Schienenstraße für Deutschland hat, nicht bloß für den eigenen Handel, sondern auch für seine Betheiligung an dem großen Welthandel zwischen der europäischen und der asiatischen Welt.

Meine Herren! Das Projekt, die Alpen zu überschienen, ist ja nicht neu. Seit mehr als 30 Jahren ist es die Aufgabe der Techniker und National-Oekonomen gewesen, brauchbares Material zu diesem Zwecke zu sammeln. Dank dem Fortschritte auf dem Gebiete der Technik haben die Bemühungen mehr und mehr eine greifbare Gestalt angenommen. Es ist namentlich die technische Welt Italiens und der Schweiz gewesen, welche jetzt soweit in ihren Forschungen, in ihren Feststellungen gekommen ist, daß die Ueberschienung der Alpen in der deutschen Schweiz nicht mehr zu den Unmöglichkeiten gerechnet wird. Man hat die Mittel gefunden, welche nöthig sind, um ein kolossales Werk, gigantisch wie die Alpen-Welt selbst möglich zu machen. Man weiß, daß die betheiligten Nationen die finanziellen Kräfte dazu besitzen. Die Nachbarstaaten Frankreich und Oesterreich sind uns mit einem guten Beispiele vorangegangen. Sie haben früher Hand ans Werk gelegt, als wir, ich kann wohl sagen, nur vermöge unserer politischen Einrichtungen es gekonnt haben. Es ist Ihnen bekannt, daß der Mont-Cenis bald durch ein großartiges Tunnelwerk durchbrochen sein wird, daß eine direkte Schienenverbindung zwischen dem französischen Eisenbahn- und Schifffahrts-System einerseits und dem italienischen andererseits hergestellt sein wird. Im Osten der Schweiz hat die österreichische Regierung es verstanden, in Gemeinschaft mit großen Finanzkräften Europas die Tyroler Alpen auf dem Brenner-Passe zu überschienen und sich auch dort eine direkte Verbindung nach Italien hin zu eröffnen. In Italien selbst macht die Entwickelung des Eisenbahn-Systems die rapidesten Fortschritte. Es wird in ganz kurzer Zeit möglich sein, von der nördlichsten Grenze Italiens bis nach Brindisi an der Südspitze Italiens, an der Seite des adriatischen Meeres entlang, einen zusammenhängenden Eisenbahndienst herzustellen, und diese Herstellung ist für den internationalen Handel, für den europäisch-asiatischen Handel von der eminentesten Bedeutung; sie kürzt die Verbindung zwischen Alexandrien und London wiederum um zwei Tage ab. Es ist eine Nothwendigkeit für Deutschland, daß wir mit dieser Linie in eine' unmittelbare und direkte Verbindung treten. Es ist unzweifelhaft, daß der Verkehr zwischen England und Alexandrien, so auch weiterhin zwischen dem Rothen Meere' und Indien zu, sich der französischen Vermittelung bedienen muß, sobald die Mont-Cenis-Straße fertig ist. Mit Eröffnung der Mont-Cenis-Linie aber fällt ein anderes bedeutsames Ereigniß zusammen, die Voll-

enbung eines anberen Werkes eminentefter Bebeutung: bas ift bie Eröffnung bes
Suez-Kanals für ben internationalen Dienft. Auch biefes Werk ift überwiegenb
unter franzöfifchem Einfluß zu Stanbe gekommen. Soll Deutfchlanbs Stellung
zum Englifch=Jnbifchen Verkehr, zu bem europäifch=afiatifchen Verkehr nicht in einen,
feiner felbft nicht würbigen Hintergrnnb gebrängt werben, bann, meine Herren, ift
es nothwenbig, baß wir bei ber Benußung ber Jtalienifchen Eifenbahnlinien nach
Brinbift ein entfcheibenbes Wort mitzureben haben, baß wir uns in ben Stanb
feßen, mit Deutfchem Kapital über Brinbift hinaus uns auch ber internationalen
Straße zu Waffer nach bem Often hin, mit zu bemächtigen. Meine Herren, biefe
Gefichtspunkte finb in ben Jahren 1864—1866 Gegenftanb lebhafter Erörterungen
zwifchen ben betheiligten Nationen gewefen. Die Schweiz, welche bas Haupt=
intereffe hat, baß fie nicht rechts unb links überflügelt wirb von ihren Nachbarlän=
bern, hat ben anregenben Jmpuls zu jenen Erörterungen gegeben; ich glaube an=
nehmen zu können, baß fie auch heute noch in ben betheiligten Kreifen fich voll=
ftänbig ihrer Verpflichtung bewußt ift, ben fchwerften Theil an bem Zuftanbekommen
auf fich zu nehmen unb ich will bas hier gleich vorwegfchicken: ber Sinn meiner
Jnterpellation ift in keiner Weife bahin gerichtet, irgenbwie von biefem auf ber
Schweiz mit Nothwenbigkeit laftenben Gewichte auch nur einen geringen Theil
abzunehmen unb auf uns hier zu übertragen. Jch wünfche, baß bas Deutfche
Jntereffe an bem Unternehmen felbftftänbig abgewogen werbe, unb baß es mit
eigner Berechtigung in bie Sache eintritt. Leiber, meine Herren, ift es auch wie=
berum gerabe bie Schweiz gewefen, welche ben nationalen Bemühungen aus ben
genannten Jahren her zunächft keinen Fortgang gegeben hat. Zwei Momente
waren bort entfcheibenb. Das erfte war bie Stellung ber lokalen Jntereffen in
ber Schweiz felbft; es ift Jhnen ja bekannt, baß es nicht bloß einen Weg gab,
welchen man in Ausficht nahm, bas gewünfchte Ziel zu erreichen, fonbern mehrere,
ben Gotthard, ben Luckmanier unb ben Splügen; bie brei Linien warben wechfel=
feitig um bie Ehre, bas verbinbenbe Glieb zwifchen Deutfchlanb unb Jtalien her=
zuftellen, unb aus biefer Wechfelwirkung entftanb zunächft ein Hinberniß für bas
Unternehmen felbft. Dann aber war es bie Schweiz, welche fich zunächft veran=
laßt fanb, neue technifche Ermittelungen anzuftellen, ob es Angefichts ber großen
Schwierigkeiten aller brei Konkurrenz=Projekte nicht möglich wärc, generelle Erleichte=
rungen zu finben. Diefes leßtere Moment, an fich burchaus berechtigt, fanb eine
Begrünbung baburch, baß man, währenb bes Tunnelbaues burch ben Mont=Cenis,
gleichzeitig eine Ueberfchienung beffelben auf einem geeigneten höheren Paffe ver=
fuchte unb bies mit Erfolg that. Die nothwenbige Folge bavon war, baß man
verfuchsweife biefes Syftem ber Ueberfchienung, alfo ber Ueberwinbung von größeren
Steigungen, auch auf bie Projekte ber mittleren Schweiz anzuwenben fuchte. Diefe
leßteren technifchen Erörterungen finb zu einem gewiffen Abfchluß gebiehen, unb ich
barf fchon heute wohl vorwegnehmen: fo zuläffig an unb für fich biefe leichtere
Methobe über bie Alpen zu gehen erfcheint, fo wenig wirb fie im Stanbe fein,
einem großen internationalen Güterverkehr zu genügen.

Wenn Sie nur einen Augenblick erwägen wollen, meine Herren, baß ber
europäifch=afiatifche Hanbel, welcher heute noch bas Kap ber guten Hoffnung um=
fchifft, eine Werthziffer repräfentirt, welche bem gefammten auslänbifchen Hanbel
Frankreichs gleichkommt, wenn baneben ein höchft bebeutenber Verkehr über bas
Mittelmeer unb bas rothe Meer geht, fo werben Sie begreifen, baß wenn eine
Eifenbahnlinie einen wefentlichen Theil biefes Hanbels an fich ziehen foll, fie noth=

wendig unter solchen Bedingungen geschaffen werden muß, daß sie für Massentransporte geeignet ist. Diese Massentransporte bedingen, daß die Linie über die Alpenpässe in nicht zu großer Höhe geführt wird, daß sie mit nicht zu großen Steigungen zu kämpfen hat. Man hat daher jetzt den Zeitpunkt in den betheiligten kommerciellen Kreisen für geeignet erachtet, an die Aufnahme der ursprünglichen Idee heranzutreten; man hat die Erfahrung gemacht, daß die Konkurrenzlinie auf österreichischem Gebiete von einer ganz außerordentlichen Bedeutung ist. Der Verkehr auf der Brennerbahn reißt täglich mehr und mehr Zuflüsse der deutschen und italienischen Eisenbahnlinien an sich, und gerade aus dieser Entwickelung des Verkehrs auf der Brennerbahn folgert man mit verstärkter Nothwendigkeit, daß das Projekt, mit einer andern Linie durch die mittlere Schweiz zu gehen, nicht länger aufgeschoben werden darf.

Die Verhandlungen der Königlich Preußischen Staats-Regierung und die der Regierungen mehrerer anderer Staaten des Zollvereins, welche im Jahre 1865 und 1866 der Frage gegenüber stattfanden, veranlassen mich heute, die Frage an die Königliche Staats-Regierung zu richten, ob die Verhandlungen von damals ihrerseits weiter verfolgt worden sind. Ich würde diese Frage nicht gestellt haben, wenn ich nicht die feste Ueberzeugung davon hätte, daß die Preußische Staats-Regierung damals mit dem wärmsten Interesse und dem energischsten Eifer dem Projekte ihre Theilnahme und Fürsorge zugewendet hat, wenn ich nicht überzeugt davon wäre, daß es nicht die Schuld der preußischen Regierung gewesen ist, daß die Verhandlungen in eine gewisse Stagnation gekommen sind. Ich wünsche durch meine Interpellation eine Gelegenheit zu geben, daß die Königlich Preußische Regierung vor der Deutschen Nation das Zeugniß wiederum abgebe, daß ihre Auffassung von der Bedeutung des Unternehmens für die Nation dieselbe heute noch ist, wie damals, daß sie sich nicht abschrecken läßt darin durch die kolossalen technischen und finanziellen Schwierigkeiten, welche zu überwinden sind.

Diese Schwierigkeiten muß ich noch mit einigen wenigen Worten erwähnen. Die Kosten, welche eine Durchbohrung des Gotthards oder des Luckmaniers und die Herstellung der Eisenbahn durch den Tunnel erfordert, belaufen sich auf 90 Millionen Franken. Die Herstellung der ganzen Eisenbahn-Verbindung zwischen dem Nordende des Vierwaldstätter Sees und dem Nordende des Lago maggiore mit gewissen Seitenverbindungen wird etwa eben so viel Kosten absorbiren, so daß es sich um ein Unternehmen handelt, für welches durch die vereinten Bemühungen der drei Länder Italien, Schweiz und Deutschland ein Kapital von 180 Millionen aufgebracht werden muß. Dieses Unternehmen ist aber eben so bedeutend auch durch die Zeitdauer, die seine Vollendung in Anspruch nimmt. Die Tunnels, die auf den verschiedenen Linien zu durchbohren sind, haben nach den bis jetzt festgestellten Projekten eine Länge von mehr als 14500 Meter; sie liegen in einer Höhe von circa 1200 Meter. Meine Herren, Sie werden es begreifen, daß man bei der festen Konstruktion des Gesteins, welches beim St. Gotthard überwiegend Granit und Feldspat ist, eine Zeitdauer von 12 Jahren für diese Durchbohrung in Aussicht nehmen konnte. Auch in Rücksicht darauf dürfen wir uns Glück wünschen, daß Frankreich und Italien das Unternehmen des Mont-Cenis-Tunnels vor unserem Unternehmen in Angriff genommen und zur Vollendung gebracht haben. Die Erfahrungen, welche die Technik dort gesammelt hat, sind von unschätzbarem Werthe; sie erleichtern unser Werk in einer außerordentlichen Weise. Der Direktor der Mont-Cenis-Tunnel-Arbeiten, Herr Grattoni, hat auf Grund seiner Erfah-

rungen, welche er beim Mont=Cenis gewonnen hat, festgestellt, daß die ursprüng=
liche Zeitdauer von 12 Jahren herabgesetzt werden könne, und mit Sicherheit
herabzusetzen sei auf 8½ bis 9 Jahre, daß sich dadurch die ursprünglich normirten
speziellen Kosten für die Durchbohrung des Tunnels von 82 Millionen ermäßigen
ließen auf 63 Millionen.

Diese Momente — ich will nicht weiter auf das Detail eingehen — reichen
vollständig aus, um Ihnen die Schwierigkeit des Unternehmens, wie sie heute
besteht, klar zu machen; sie rechtfertigen eben so sehr die Annahme, daß es heute
viel zu voreilig wäre, irgend wie Modalitäten in Aussicht zu nehmen, wie sich das
Kapital überhaupt beschaffen ließe, und in welchem Maßstabe die betheiligten Na=
tionen sich bei der Beschaffung desselben interessiren sollen.

Ich will aus diesen großen Ziffern heute nur das eine herleiten, daß sie den
guten Willen unserer Regierung, welchen sie im Jahre 1865 bei diesem Unter=
nehmen bethätigt hat, in das hellste Licht stellen. Wir schrecken vor diesem großen
Unternehmen heute nicht mehr zurück; wir haben ein Recht dazu, es nicht mehr
zu thun, weil wir, Dank den Ereignissen von 1866 an nationaler Leistungsfähigkeit,
an Selbstvertrauen, an Unternehmungsgeist gewonnen haben, weil wir die Fähig=
keit in uns fühlen, mit den Nationen Frankreichs und Englands auf diesem Ge=
biete in die Schranken zu treten.

Ich bitte die Königliche Staats=Regierung, meine Frage in demselben patrio=
tischen Sinne verstehen zu wollen, wie ich es versuche, ihn in dieselbe hineinzu=
legen. Es sollte mich glücklich machen, wenn die Königliche Staats=Regierung mit
einer wohlwollenden Antwort meine Interpellation erfreuen wollte. (Bravo!)

Hierauf erwiderte der Herr Handelsminister Graf Itzenplitz was
folgt:

Ich nehme mir die Erlaubniß, die Beantwortung der Interpellation zu ver=
lesen, und werde mich demnächst beehren, sie zu überreichen.

Die Königliche Staats=Regierung theilt den Wunsch, daß eine direkt den
Zollverein mit Italien verbindende Eisenbahn durch die Schweiz zu
Stande komme, und hat sich, so oft die Verhandlungen angeregt wurden,
in diesem Sinne geäußert. Sie fühlt sich aber außer Stande, ihre Sym=
pathieen für das Unternehmen in anderer Weise als durch diese Erklä=
rung zu bethätigen, so lange nicht in der Schweiz selbst eine Verstän=
digung über einen bestimmten Plan für dasselbe, aus welchem der wahr=
scheinliche, zur Vollendung nothwendige, Aufwand an Geld und Zeit
hervorgeht, erreicht ist. (Sehr richtig.) Erst wenn dies der Fall sein
wird, hält sie es an der Zeit, daß der Norddeutsche Bund und die übri=
gen Staaten des Deutschen Zollvereins, welche bei Gleichheit der In=
teressen dazu berufen sind, ihr Verhalten zu einem solchen Projekt in
Erwägung nehmen, und wird gern bereit sein, ihren Einfluß dafür, daß
dies geschehe, geltend zu machen. (Sehr gut von allen Seiten.)

Norddeutsche Note an den Schweizerischen Bundesrath.

Bern, den 31. März, 1869.

Durchdrungen von der Ueberzeugung, daß die Erstellung einer Alpenbahn durch das Centrum der Schweiz, im Hinblick auf die des Mont Cenis und Brenner, für Preußen und den Norddeutschen Bund zu einer commerciellen Nothwendigkeit geworden sei, ist des Unterzeichneten Gesandten des Norddeutschen Bundes unausgesetztes Streben dahin gerichtet gewesen, diese seine Auffassung auch bei seiner hohen Regierung zur Geltung zu bringen.

Wenn die Letztere prinzipiell dieselbe auch vollkommen theilte, so waltete dennoch stets die berechtigt scheinende Ansicht vor, daß bei einem Unternehmen, welches die Schweiz vor Allem berühre und interessire, die Initiative dafür auch zunächst von dieser ausgehen müße.

Nachdem der Unterzeichnete durch mehrfache eingehende Berichte dargethan, daß diese Erwartung sich nicht realisiren dürfte, stand der Bundeskanzler Graf von Bismarck im Begriff, die erforderlichen Instructionen über diesen Gegenstand zu erlassen, als Italien ebenfalls erklärte, daß es den Augenblick gekommen glaubte, sich unmittelbar mit Preußen und Baden in Verbindung zu setzen, um durch eine förmliche Erklärung zu Gunsten der Gotthard=Linie, die in der Schweiz noch vorhandenen Zweifel über die Richtung der Bahn zu lösen, und damit für die weitere Entwickelung der Frage eine feste Grundlage zu finden.

Durch die geographische Lage und die Gestaltung des Eisenbahnnetzes, sind die östlichen Theile des Gebietes des Norddeutschen Bundes auf den Brenner, die westlichen und Baden dagegen, auf einen Uebergang der Central=Alpen angewiesen.

Da somit die Interessen der erstbenannten Theile durch die Brenner=Linie wenigstens theilweise befriedigt sind, so glaubt des Unterzeichneten Hohe Regierung, mit Rücksicht auf die westlichen Partien, und in Erwägung der ihr vorliegenden motivirten Berichte und Gutachten, sich im Verein von Italien definitiv und exclusiv zu Gunsten des St. Gotthard aussprechen zu sollen.

Indem der Unterzeichnete dies, als hierzu bevollmächtigt, thut, beehrt er sich zugleich im Namen seiner hohen Regierung den hohen Schweizerischen Bundesrath ganz ergebenst zu ersuchen, die ihm nunmehr gebührende Initiative ergreifen, und ein bestimmtes Project formuliren zu wollen, welches als Basis zu den Verhandlungen der betheiligten Staaten dienen könne.

Indem der Unterzeichnete Gesandte des Norddeutschen Bundes einer hochgeneigten Rückäußerung entgegensieht, beehrt er sich die Gelegenheit zu ergreifen, Seiner Excellenz dem Herrn Bundespräsidenten Welti den Ausdruck seiner vorzüglichen Hochachtung zu erneuern.

von Röder.

Seiner Excellenz
dem Schweizerischen Bundespräsidenten.
Herrn Oberst Welti
hier.

Italienische Note

an

den Schweizerischen Bundesrath.

Berne, 31. Mars 1869.

L'Italie et la Suisse se sont réciproquement engagées, par de récentes stipulations, à favoriser les entreprises qui auraient pour but de mettre en rapport direct, au moyen de la locomotion à vapeur, à travers les Alpes Helvétiques, les réseaux de chemins de fer qui se trouvent au Sud et au Nord de ces montagnes; mais, pour que de tels engagements puissent avoir un résultat pratique, il est nécessaire que les deux Gouvernements se mettent au préalable d'accord sur la ligne dont ils entendent assurer l'exécution, de concert avec les autres nations intéressées. A ces fins, le Soussigné, Envoyé Extraordinaire et Ministre Plénipotentiaire de Sa Majesté le Roi d'Italie, a maintenant dans ses instructions de proposer au Conseil fédéral l'adoption de la ligne du Gothard; laquelle, d'après les études faites sur les différents passages Alpins entre la Suisse et l'Italie, par des commissions composées d'hommes très-autorisés, réunit seule, soit qu'on l'envisage sous le rapport technique, soit qu'on la considère sous celui des grands intérêts qu'elle est appelée à servir, les conditions qui en rendent l'exécution possible dans un temps relativement limité, et en feront une des principales voies commerciales du monde.

Le Gouvernement Royal auquel l'expérience acquise dans l'exécution d'une œuvre analogue doit avoir conféré une certaine autorité à cet égard, aime à croire que la Haute Administration fédérale, se plaçant au point de vue des intérêts généraux de la Suisse, voudra accéder à cette proposition, et cela d'autant plus que, dans le cas contraire, il lui serait impossible de promettre à aucune autre ligne le concours que, sauf l'approbation du Parlement, il croit pouvoir déjà assurer à celle du Gothard.

Dans l'espoir qu'il ne saurait y avoir de dissentiment entre les deux nations sur ce point capital, le Soussigné est chargé de solliciter d'avance le Conseil fédéral de prendre à ce sujet l'initiative qui lui appartient, et de formuler un projet définitif qui puisse servir de base aux accords à établir entre tous les États intéressés à l'exécution de cette grande entreprise.

En attendant les communications que Son Excellence, Monsieur le Président de la Confédération aura à lui faire sur ces différents points, le Soussigné saisit l'occasion de lui renouveler les assurances de sa très-haute considération.

Melegari.

Son Excellence Monsieur le Président
de la Confédération Suisse,

Berne.

Badische Note an den Schweizerischen Bundesrath.

Der unterzeichnete Großherzoglich Badische Ministerresident beehrt sich, erhaltenem Auftrage gemäß, dem hohen Schweizerischen Bundesrath die folgende ergebenste Mittheilung zu machen:

Seit einer Reihe von Jahren ist die Frage wegen Herstellung eines Eisenbahnüberganges durch die helvetischen Alpen erörtert worden. Darüber, daß die Interessen der unmittelbar dadurch näher verbundenen Länder, der Schweiz und Italiens, sowie in zweiter Linie auch diejenigen des ganzen Rheinbeckens und der daran sich schließenden Gegenden eine solche Verbindung wünschenswerth machen, sind die Stimmen zu keiner Zeit getheilt gewesen. Zweifelhaft konnte nur erscheinen, an welchem Punkte der Schweizeralpen der Uebergang am zweckmäßigsten erfolge.

Die inzwischen angestellten Untersuchungen über die technischen Fragen und über die in Betracht kommenden Interessen des Handels und Verkehrs haben schließlich ergeben, daß der Gotthardpaß den Bedingungen, welche für die zu wählende Uebergangslinie zu stellen sind, im vorzüglichsten Maaße entspricht.

Die Königlich Italienische Regierung hat sich deßhalb endgültig für den St. Gotthard entschieden und sie hat neuerdings die bestimmte Erklärung abgegeben, daß sie einzig und allein für diesen Paß eine Unterstützung in Aussicht stellen könne. Nicht minder hat sich die Regierung des Norddeutschen Bundes, mit Rücksicht auf die Bedeutung, welche eine centrale Alpenbahn für den westlichen Theil des Norddeutschen Bundes hat, ausschließlich und definitiv zu Gunsten des St. Gotthard ausgesprochen.

Die Großherzogliche Regierung gibt unter diesen Verhältnissen gleichfalls dem St. Gotthard für die zu erbauende centrale Alpenbahn entschieden den Vorzug und würde allein diesem Uebergangspunkte die Unterstützung zuwenden können, deren Beantragung bei den Ständen des Großherzogthums sie eventuell sich vorbehält.

Die Großherzogliche Regierung gibt sich der Hoffnung hin, daß der hohe Schweizerische Bundesrath die Ueberzeugung von der alleinigen Ausführbarkeit der Gotthardbahn theilen und die ihm gebührende

Initiative zu der weitern Förderung dieser vor allen Dingen schweizerischen Frage nunmehr ergreifen, sowie ein bestimmtes Projekt aufstellen werde, welches den Verhandlungen der betheiligten Staaten zur Grundlage dienen kann.

Indem der Unterzeichnete einer hochgeneigten Rückäußerung entgegenzusehen sich erlaubt, benützt er mit Vergnügen auch diesen Anlaß, um dem hohen Schweizerischem Bundesrath die Versicherung seiner ausgezeichnetsten Hochachtung zu erneuern.

Stuttgart, den 5. April 1869.

F. v. Dusch.

An
den hohen Schweizerischen Bundesrath
in Bern.

Württembergische Note an den Schweizerischen Bundesrath.

Bern, den 23. September 1869.

Der Unterzeichnete, Königlich Württembergische Gesandte, beehrt sich Seiner Excellenz dem Schweizerischen Bundespräsidenten Herrn Oberst Welti die ergebenste Anzeige zu machen, daß seine hohe Regierung im Einklange mit den von der Königlich Preußischen, der Königlich Italienischen und der Großherzoglich Badischen Regierung bereits kund gegebenen Anschauungen der Gotthard-Route den Vorzug vor allen denjenigen weitern Linien einräumt, welche Behufs der Durchführung des Projektes einer mittelst Durchbohrung der Central-Alpen herzustellenden neuen Eisenbahnverbindung zwischen Mittel-Europa und der apenninischen Halbinsel in Frage kommen, und daß dieselbe in Uebereinstimmung hiermit geneigt sei, dieser Route ihre Unterstützung zu Theil werden zu lassen, jedoch mit dem ausdrücklichen Vorbehalte, daß diese in Aussicht zu stellende Subvention die Zustimmung der Stände des Königreichs erhalten werde.

Zugleich benützt derselbe diesen Anlaß Seiner Excellenz die Versicherung seiner ausgezeichnetesten Hochachtung zu erneuern.

Freiherr von Ow.

Seiner Excellenz
dem Schweizerischen Bundespräsidenten
Herrn Oberst Welti und dem hohen
Bundesrathe der Schweizerischen Eidgenossenschaft in Bern.

Schlussprotokoll der Berner Conferenz
vom 13. October 1869.

Protocole Final des Conférences internationales qui ont eu lieu à Berne en Septembre et Octobre 1869, entre la Confédération de l'Allemagne du Nord, le Grand-Duché de Bade, le Royaume d'Italie, la Confédération Suisse et le Royaume de Wurtemberg pour la construction du chemin de fer par le St-Gothard.

Du 13. Octobre 1869.

La Conférence s'est réunie aujourd'hui en séance de clôture pour constater que ses membres sont tombés d'accord sur les points suivants:

Article premier.

Les Etats qui ont pris part aux Conférences s'unissent pour assurer la jonction entre les chemins de fer allemands et les chemins de fer italiens par le moyen d'un chemin de fer suisse à travers le St-Gothard.

Le réseau du St-Gothard à construire pour atteindre ce but comprend les lignes suivantes:

Lucerne-Kussnacht-Immensee-Goldau,
Zoug-St-Adrien-Goldau,
Goldau-Fluelen-Biasca-Bellinzone,
Bellinzone-Lugano-Chiasso,
Bellinzone-Magadino-Frontière italienne vers Luino, avec embranchement sur Locarno.

Ce réseau aura une longueur d'environ 263 kilomètres.

Dans le but de faciliter l'exécution de ces lignes, les Etats qui ont pris part à la Conférence accorderont en commun une subvention à la société qui se formera pour la construction et l'exploitation du chemin de fer du St-Gothard.

2*

Dans l'organisation de cette Société, le Conseil fédéral prendra les mesures nécessaires pour assurer l'exécution de l'entreprise et de tous les engagements mentionnés dans le présent protocole. A cet effet, les statuts de la Société devront être soumis à l'approbation du Gouvernement fédéral.

Art. 2.

Pour que le chemin de fer du St-Gothard puisse remplir les conditions d'une grande ligne internationale, il ne doit pas, à son point culminant, avoir plus de $1162^{1}/_{2}$ mètres de hauteur au-dessus du niveau de la mer; le rayon minimum des courbes ne devra pas être inférieur à 300 mètres et le maximum des pentes ne devra pas excéder 25‰. Pour le cas où il serait nécessaire de dépasser le 25‰ entre Biasca et Lavorgo, on demandera à cet effet l'autorisation du Conseil fédéral, qui, sur ce tronçon, pourra accorder une augmentation jusqu'à 26‰.

Le tunnel à construire entre Gœschenen et Airolo devra être établi en ligne droite.

La ligne de Fluelen à Biasca sera construite à double voie. Sur le reste de la ligne Goldau-Bellinzone les tunnels seront construits pour une double voie, mais les travaux d'art et de terrassements pourront être exécutés pour une seule voie.

Toutes les autres lignes pourront être établies pour une simple voie.

Art. 3.

Les lignes de réseau du St-Gothard seront construites dans l'*ordre* suivant, et la *durée* de la construction est pour chacune d'elles fixée comme suit:

Les lignes de Biasca au Lac Majeur et de Lugano à Chiasso devront être achevées 3 ans après la constitution de la société.

L'Italie s'engage à ce que pour la même époque le tronçon de raccordement de Chiasso à Camerlata soit construit et mis en exploitation.

Les travaux sur les autres lignes du réseau devront être entrepris en temps nécessaire pour qu'ils puissent être achevés et que ces lignes soient ouvertes simultanément avec la grande galerie de Gœschenen à Airolo.

Les lignes dont la construction est supposée de $2^{1}/_{2}$ années sont les suivantes:

Lucerne-Kussnacht-Goldau,
Zoug-St-Adrien-Goldau,
Biasca-Bellinzone,
Lugano-Chiasso,
Bellinzone-Frontière suisse (Luino), avec embranchement sur
    Locarno.

Les lignes dont la construction est supposée de 4½ années sont
les suivantes:
Goldau-Fluelen,
Fluelen-Gœschenen,
Airolo-Biasca,
Bellinzone-Lugano.

La durée de la construction du tunnel à établir entre Gœschenen et Airolo est présumée être de 9 années. Le commencement
des travaux sera fixé par le Conseil fédéral.

Art. 4.

La Confédération suisse pourvoira à ce que, par un passage
sur le Rhin près de Bâle, le chemin de fer Central suisse soit relié
au réseau du Grand-Duché de Bade.

L'Italie construira un chemin de fer sur la rive gauche du
Lac majeur, rejoignant le chemin suisse sur la frontière près de
Pino à un des points du réseau italien situé sur la route directe
de Gênes.

Les parties contractantes s'engagent d'une manière générale à
faire leur possible pour que les lignes d'accès au réseau du St-Gothard soient corrigées dans le sens d'un raccourcissement, et en particulier la Confédération s'engage à faire ses efforts pour obtenir
la construction d'un tronçon qui permette d'éviter le détour sur la
station d'Altstätten.

Au cas où cette ligne de raccourcissement ne serait pas construite au moment de la mise en exploitation de la ligne du
St-Gothard, il serait procédé à une réduction équivalente du tarif
des transports.

Art. 5.

La Suisse s'engage à ce que toutes les parties de la ligne
telles qu'elles doivent être construites soient livrées le plus tôt possible à l'exploitation lorsqu'elles seront terminées.

Dès que toute la ligne sera achevée, le service de l'exploitation
en devra être organisé. Pour garantir la conformité de l'organi-

sation de l'exploitation avec les dispositions du présent protocole cette organisation devra être soumise à l'approbation du Conseil fédéral.

Art. 6.

Les cas de force majeure réservés, l'exploitation du chemin de fer du St-Gothard devra être assurée contre toute interruption et elle devra dans toutes ses parties répondre à ce qu'on est en droit d'exiger d'une grande ligne internationale.

Toutefois la Suisse se réserve de prendre les mesures nécessaires pour le maintien de la neutralité et pour la défense du pays.

Art. 7.

Les Gouvernements qui ont pris part aux conférences feront leurs efforts pour faciliter le plus possible, en vue de l'intérêt commun, le trafic entre l'Allemagne et l'Italie, et à cet effet, ils elles chercheront à provoquer sur le chemin de fer du St-Gothard le transport des personnes, des marchandises et des objets postaux le plus régulier, le plus commode, le plus rapide et le meilleur marché possible.

La Compagnie du chemin de fer du St-Gothard organisera, avec les chemins de fer des Etats subventionnants de l'Allemagne et du Royaume d'Italie, sur la demande des administrations de ces chemins de fer, un service direct (cumulatif), pour le transit sur le St-Gothard.

La Suisse s'engage à prendre les mesures nécessaires pour que les trains soient organisés de telle manière qu'autant que possible ils coïncident sans interruption avec les chemins de fer de l'Allemagne et de l'Italie.

Elle s'engage aussi à faire établir sur la ligne du St-Gothard en été au moins trois trains de voyageurs par jour dans les deux directions et en hiver au moins deux. Ces trains chemineront sans interruption et l'un d'eux sera un train express.

Art. 8.

Pour ce qui concerne le trafic transitant d'Allemagne en Italie et *vice versâ* on a fixé comme suit les taxes maximales de transport:

Voyageurs:

Ire classe 50 centimes par lieue suisse; IIme classe 35 centimes, et IIIme classe 25 centimes. Toutefois, pour les parties de la ligne ayant une pente de 15°/₀₀ et plus, l'entreprise du St-Gothard pourra exiger une surtaxe de 50%.

Marchandises:

Grande vitesse: 45 cent. par tonne et par kilomètre, sans aucun supplément de taxe.

Petite vitesse: 1° pour les matières brutes, telles que le charbon, le coke, le minerai, les terres, les engrais, le soufre, les pierres, le bois, etc., de même que pour le fer et les marchandises brutes en fer, en tant que ces objets sont expédiés en wagons complets, la taxe ne pourra excéder 5 centimes par tonne et par kilomètre, avec une surtaxe de 3 centimes par tonne et par kilomètre pour les parties de la ligne qui offrent des pentes de 15%₀ et au-dessus.

2° Pour toutes les autres marchandises, la taxe ne pourra excéder 14¹/₂ centimes par tonne et par kilomètre, ou 19¹/₂ centimes par tonne et par kilomètre pour les parties de la ligne ayant des pentes de 15°/₀₀ et au-dessus, tout autre supplément de taxe étant exclu.

Art. 9.

Quand l'intérêt du capital-actions excèdera le 9%, la Compagnie sera tenue de procéder à la réduction des taxes, et en première ligne à celle des surtaxes.

Art. 10.

La Société du chemin de fer du St-Gothard est tenue de faire jouir, pour le transport des personnes et des marchandises d'Italie, pour l'Italie et à travers l'Italie, les chemins de fer des Etats subventionnants au moins des mêmes avantages et des mêmes facilités qu'elle aura accordés soit à d'autres chemins de fer en dehors de la Suisse, soit à des parties et à des stations quelconques de ces chemins de fer, soit enfin aux stations frontières suisses. Elle ne peut entrer dans aucune combinaison avec d'autres chemins de fer suisses, par laquelle ce principe se trouverait violé.

En particulier, les réductions de tarifs que voudrait accorder le chemin de fer du St-Gothard en vue d'activer le trafic pour l'Italie, de l'Italie et à travers l'Italie devront, avant leur mise en vigueur, être communiquées à temps aux Gouvernements des Etats subventionnants, et, sur leur demande, les réductions de tarifs dont il s'agit devront être accordées à partir de la même époque pour les chemins de fer et les districts concurrents.

Art. 11.

La Confédération suisse prendra l'engagement général de faire exécuter les prescriptions du présent protocole relatives à la construction du chemin de fer du St-Gothard.

En particulier, elle devra exiger de la Société un cautionnement correspondant d'une manière suffisante aux obligations contractées par elle. Ce cautionnement consistera en un dépôt d'espèces ou de bonnes valeurs et il ne sera restitué que lorsque la Société aura rempli ses obligations ou qu'elle aura fourni les garanties nécessaires sous une autre forme.

Le Conseil fédéral prononcera sur toutes les questions qui ont trait à la construction de la grande galerie.

Il s'engage à présenter aux Etats contractants des rapports périodiques sur la marche et l'état des travaux, de même que sur le résultat de l'exploitation.

Art. 12.

Chaque Etat contractant aura le droit de prendre, sur les lieux, connaissance de l'état des travaux après avoir désigné au Gouvernement suisse les personnes qu'il chargera de cette inspection.

Chaque année à une époque déterminée on procèdera à la vérification des travaux des deux grandes galeries du St-Gothard et du Monte-Cenere. Le Conseil fédéral invitera les Etats contractants à envoyer des délégués pour assister à cette opération: un procès-verbal sera dressé et signé par les délégués présents.

Art. 13.

S'il existe dans les concessions cantonales des dispositions contraires à celles du présent protocole, ces dispositions seront abrogées par la publication du traité à intervenir.

Si un Canton suisse entravait d'une manière quelconque l'établissement ou l'exploitation de la ligne du St-Gothard, la Confédération évoquerait à elle l'affaire et prendrait l'initiative des mesures nécessaires.

Art. 14.

La Société peut être actionnée à son siége social.

S'il survient des contestations en matière de droit civil entre la Confédération et l'entreprise du St-Gothard, elles seront réglées par le Tribunal fédéral.

Art. 15.

Au cas où la concession du chemin du St-Gothard viendrait à être transmise à une autre société, cette transmission devra être approuvée par le Conseil fédéral, qui prend l'engagement de pourvoir à ce que toutes les stipulations du présent protocole restent entièrement en vigueur.

Dans le cas où une fusion viendrait plus tard à être opérée entre des chemins de fer suisses et le chemin de fer du St-Gothard, ou si la Société du St-Gothard construisait de nouvelles lignes, les obligations incombant à cette dernière passeraient à l'entreprise plus étendue,˙ en tant qu'elles se rapportent à l'exploitation.

Art. 16.

Les Etats qui ont pris part aux Conférences sont tombés d'accord pour fixer à 85 millions de francs le chiffre de la subvention nécessaire pour rendre possible l'établissement du chemin de fer par le St-Gothard.

Art. 17.

Un tiers des subsides sera payé en neuf annuités égales. Relativement au paiement des deux autres tiers, les dispositions suivantes feront règle:

a) Pour chaque exercice il sera transmis, en temps opportun, aux Etats subventionnants, un programme et un devis des travaux à opérer dans la grande galerie du St-Gothard.

b) Le Conseil fédéral fixera l'époque du commencement du premier exercice, et à la fin de chaque exercice il fera connaître aux autres Etats le montant de la somme qui a été réellement dépensée. Le paiement de cette somme s'effectuera après la vérification des travaux, faite en conformité de l'art. 12. Toutefois ces paiements ne pourront excéder la somme portée au budget de l'exercice.

Le paiement des annuités égales et celui des sommes consacrées chaque année à la construction du tunnel s'effectueront en espèces entre les mains du Gouvernement fédéral un mois après la vérification des travaux de construction du dit tunnel.

On liquidera, lors du dernier versement, le solde éventuel de la subvention totale.

Art. 18.

Les Etats ne se réservent un droit de participation aux résultats financiers de l'entreprise que dans le cas où le dividende à répartir sur les actions dépasserait le 7°/₀. Dans ce cas la moitié de l'excédant serait partagée à titre d'intérêt entre les Etats subventionnants, dans la proportion de leurs subsides.

Art. 19.

Les subsides seront mis à la disposition du Gouvernement fédéral suisse, d'après les prescriptions de l'art. 17 ci-dessus. Ce

Gouvernement fera parvenir ces subsides en même temps que ceux de la Suisse à la Compagnie, avec laquelle il aura à s'entendre sur la construction et l'exploitation du chemin de fer du St-Gothard.

Relativement à la participation des Etats au subside de 85 millions mentionné à l'art. 16, les Délégations font les déclarations suivantes :

L'*Allemagne du Nord*. »La mission des délégués de la Confédération de l'Allemagne du Nord était d'étudier sous toutes ses faces la possibilité de réaliser le projet du St-Gothard et de rapporter une idée exacte quant aux fonds sur lesquels on pourrait compter de la part des Etats les plus intéressés à cette entreprise.

»C'est basé sur ce rapport que le Chancelier de la Confédération, M. le comte de Bismark, se proposerait de porter les actes provisoirement stipulés par la haute Conférence à la connaissance et à la décision du Conseil fédéral et de la Diète de l'Allemagne du Nord. Du reste, les délégués de la Confédération du Nord doivent mentionner ici le fait que toute subvention à fournir de sa part ne pourrait être destinée qu'à l'établissement du chemin de fer du St-Gothard, à l'exclusion de tout autre passage par les Alpes.«

La *Délégation badoise* déclare que le Gouvernement grand-ducal, après avoir déjà porté à la connaissance du Gouvernement suisse, par une note officielle datée du 5 Avril dernier, que ce serait au passage du St-Gothard seul qu'il serait en état de fournir des subsides, et considérant le résultat final des ·Conférences internationales, est disposé à participer à la subvention de 85 millions de francs à fournir à l'entreprise du chemin de fer du St-Gothard par la somme de trois millions de francs, le consentement des États du Grand-Duché restant réservé.

L'*Italie* concourra à l'œuvre du St-Gothard pour une somme de 45 millions de francs. Elle prend en outre l'engagement de faire les raccordements nécessaires entre Chiasso et Camerlata, comme aussi entre la frontière suisse, sur la rive gauche du lac Majeur, et un point à son choix du réseau italien.

La Délégation *suisse* déclare que la Suisse fournira un subside de 20 millions de francs.

Le *Royaume de Wurtemberg*. »En décidant de prendre part aux travaux de la Conférence internationale, le Gouvernement du Wurtemberg est parti de la supposition que, relativement au trafic entre le **Wurtemberg** et l'Allemagne d'une part, et l'Italie (par le St-Gothard) de l'autre, on reconnaîtrait le principe de l'acheminement sur les lignes les plus courtes.

»Comme cet espoir ne s'est pas réalisé dans les négociations qui ont eu lieu jusqu'à présent, le Wurtemburg doit faire dépendre d'une entente ultérieure avec Bade sur leurs rapports réciproques de concurrence pour le service des transports entre l'Allemagne et l'Italie la question d'une subvention à accorder à l'entreprise du St-Gothard en général et la question plus spéciale du chiffre de cette subvention.

»Dans ce sens, les représentants du Wurtemberg ne peuvent qu'en référer à leur Gouvernement sur toute proposition relative aux subventions.«

Fait à *Berne*, le 13 Octobre 1869.

(Signé) **de Röder.**	(Signé) **Welti.**
(Signé) **F. de Dusch.**	(Signé) **Schenk.**
(Signé) **Zimmer.**	(Signé) **Dubs.**
(Signé) **Melegari.**	(Signé) **Baron d'Ow.**
(Signé) **Correnti.**	(Signé) **L. de Klein.**
(Signé) **Biglia.**	

En foi de quoi le présent acte est muni de sceau du Conseil édéral suisse.

Fait à *Berne*, le 13 Octobre 1869.

Le Secrétaire des Conférences:

(Signé) **Roth.**

(Uebersetzung.)

Schluß = Protokoll

der im September und Oktober 1869 zu Bern

stattgehabten

internationalen Konferenzen

zwischen dem Norddeutschen Bund, dem Großherzogthum Baden, dem Königreich Italien, der Schweizerischen Eidgenossenschaft und dem Königreich Württemberg

über

die Erbauung der St. Gotthard = Eisenbahn

vom 13. Oktober 1869.

Die Konferenz ist heute zur Schlußsitzung zusammengetreten, um festzustellen, daß ihre Mitglieder über folgende Punkte sich geeinigt haben:

Artikel 1.

Die Staaten, welche an den Konferenzen Theil genommen haben, vereinigen sich, um die Verbindung zwischen den deutschen und den italienischen Eisenbahnen vermittelst einer schweizerischen Eisenbahn über den St. Gotthard zu sichern.

Das zu diesem Zwecke herzustellende Eisenbahnnetz des St. Gotthard umfaßt folgende Linien: Luzern — Küßnacht — Immensee — Goldau, Zug, — St. Adrian — Goldau, Goldau — Fluelen — Biasca — Bellinzona, Bellinzona — Lugano — Chiasso, Bellinzona — Magabino — Italienische Grenze gegen Como mit Zweigbahn nach Locarno.

Dieses Netz wird eine Länge von ungefähr 263 Kilometern haben.

Um die Herstellung dieser Linien zu erleichtern, werden die Staaten, welche an der Konferenz Theil genommen haben, derjenigen Gesellschaft, welche sich zum Bau und Betrieb der St. Gotthard = Bahn bilden wird, gemeinschaftlich eine Subvention gewähren.

Bei Organisation dieser Gesellschaft wird der Bundesrath die nöthigen Maßregeln treffen, um die Ausführung des Unternehmens und aller in dem gegenwärtigen Protokoll erwähnten Verpflichtuungen sicher zu stellen.

Zu diesem Behufe sollen die Statuten der Gesellschaft der Genehmigung der Bundesregierung unterliegen.

Artikel 2.

Damit die St. Gotthard-Bahn den Bedingungen einer großen internationalen Linie entsprechen kann, soll dieselbe auf ihrem Culminationspunkte nicht höher als 1162½ Meter über dem Meere zu liegen kommen; der kleinste Radius der Kurven soll nicht unter 300 Meter und die größte Steigung nicht über 25‰ betragen. Im Falle es nöthig sein sollte, zwischen Biasca und Lavorco weiter als 25‰ zu gehen, ist dazu die Ermächtigung des Bundesrathes einzuholen, welcher auf dieser Strecke eine Erhöhung bis zu 26‰ zugestehen kann.

Der zwischen Goeschenen und Airolo zu erbauende Tunnel soll in gerader Richtung erstellt werden.

Die Linie von Fluelen nach Biasca soll zweispurig gebaut werden. Auf dem übrigen Theil der Linie Goldau — Bellinzona sollen die Tunnels für doppelte Spur hergestellt, die Kunstbauten und Erdarbeiten können jedoch für eine Spur ausgeführt werden.

Alle übrigen Linien dürfen einspurig hergestellt werden.

Artikel 3.

Die Linien des St. Gotthard-Bahnnetzes sollen in folgender Ordnung in Ausführung gebracht werden und die Dauer des Baues wird für jede derselben wie folgt bestimmt:

Die Linien von Biasca bis zum Langensee und von Lugano bis Chiasso sollen 3 Jahre nach Constituirung der Gesellschaft vollendet werden.

Italien macht sich verbindlich, daß in der gleichen Zeit das Anschlußstück von Chiasso bis Camerlata gebaut und in Betrieb gesetzt werde.

Die Arbeiten an den anderen Linien sollen so zeitig begonnen werden, daß sie vollendet und diese Linien eröffnet werden können zu gleicher Zeit mit dem großen Tunnel von Goeschenen nach Airolo.

Die Linien, deren Bauausführung zu 2½ Jahren angenommen wird, sind folgende: Luzern — Küßnacht — Goldau, Zug, St. Adrian — Goldau, Biasca — Bellinzona, Lugano — Chiasso, Bellinzona — Schweizergrenze (Como) mit Zweigbahn nach Locarno.

Die Linien, deren Bauausführung zu 4½ Jahren angenommen wird, sind folgende: Goldau — Fluelen, Fluelen — Goeschenen, Airolo — Biasca, Bellinzona — Lugano.

Für den Tunnel zwischen Goeschenen Airolo nur wird die Dauer des Baues zu 9 Jahren angenommen. Der Beginn der Arbeiten wird vom Bundesrathe bestimmt werden.

Artikel 4.

Der schweizerische Bund wird dafür Sorge tragen, daß durch einen Rheinübergang bei Basel die schweizerische Centralbahn mit dem Bahnnetz des Großherzogthums Baden in Verbindung gesetzt werde.

Italien wird eine Bahn auf dem linken Ufer des Langensee's erbauen, welche die schweizerische Bah.. an der Grenze bei Pino mit einem der an der direkten Route nach Genua gelegenen Punkte des italienischen Bahnnetzes verbinden soll.

Die contrahirenden Theile machen sich im Allgemeinen verbindlich, ihr Möglichstes zu thun, damit die zum Netz des St. Gotthard führenden Eisenbahn-Linien im Sinne einer Abkürzung corrigirt werden und insbesondere verpflichtet sich die Eidgenossenschaft, nachdrücklich dahin zu wirken, daß die Herstellung eines

Bahnstückes erlangt werde, welches ermöglicht, den Umweg über die Station Alt=
stätten zu vermeiden.

Im Falle diese abgekürzte Linie zur Zeit der Betriebseröffnung der St. Gott=
hards=Linie nicht erstellt sein sollte, würde zu einer entsprechenden Herabsetzung
des Transport=Tarifs geschritten werden.

Artikel 5.

Die Schweiz verpflichtet sich dafür, daß alle Theile der vorschriftsmäßig aus=
zuführenden Linie nach ihrer Vollendung baldmöglichst dem Betrieb übergeben
werden.

Sobald die ganze Linie vollendet sein wird, soll der Betriebsdienst auf der=
selben sofort eingerichtet werden. Um die Uebereinstimmung der Organisation des
Betriebsdienstes mit den Bestimmungen des gegenwärtigen Protokolls zu sichern,
soll diese Organisation der Genehmigung des Bundesrathes unterliegen.

Artikel 6.

Den Fall höherer Gewalt ausgenommen, soll der Betrieb der St. Gotthards=
Bahn gegen jede Unterbrechung sicher gestellt werden und soll derselbe in allen
Theilen dem entsprechen, was man von einer großen internationalen Linie zu ver=
langen berechtigt ist.

Gleichwohl behält sich die Schweiz vor, die nöthigen Maßregeln für die Auf=
rechthaltung der Neutralität und die Vertheidigung des Landes zu treffen.

Artikel 7.

Die Regierungen, welche an den Konferenzen Theil genommen haben, werden
auf eine möglichste Erleichterung des Verkehrs zwischen Deutschland und Italien
im allgemeinen Interesse hinwirken und zu diesem Zwecke auf der St. Gotthard=
bahn eine möglichst regelmäßige, bequeme, rasche und billige Beförderung der Rei=
senden, Güter= und Postgegenstände herbeizuführen suchen. Die Gesellschaft der
St. Gotthard=Eisenbahn wird mit den Eisenbahnen der subventionirenden Staaten
Deutschlands und des Königreichs Italien auf Verlangen der Verwaltungen dieser
Eisenbahnen einen direkten (Verbands)=Verkehr für den Transit über den St. Gott=
hard einrichten.

Die Schweiz verpflichtet sich, für eine solche Einrichtung der Züge Sorge zu
tragen, daß sich dieselben in möglichst ununterbrochener Verbindung mit den Eisen=
bahnen Deutschlands und Italiens befinden.

Auch verpflichtet sie sich, auf der St. Gotthard=Linie im Sommer wenigstens
drei und im Winter wenigstens zwei Personenzüge in beiden Richtungen einrichten
zu lassen. Diese Züge sollen ohne Unterbrechung curfiren und einer derselben wird
ein Schnellzug sein.

Artikel 8.

Was den Transitverkehr von Deutschland nach Italien und umgekehrt betrifft,
so hat man die Maximal=Transport=Taxen wie folgt festgesetzt:

Reisende.

I. Klasse 50 Centimes per Schweizer Stunde;
II. Klasse 35 „ „ „ „ und
III. Klasse 25 „ „ „ „

Für die Strecken mit einer Steigung von 15 ⁰/₀₀ und mehr kann die Gesellschaft
der St. Gotthardbahn jedoch einen Aufschlag von 50 ⁰/₀ erheben.

Güter.

Eilgut: 45 Centimes per Tonne und per Kilometer ohne jeden Tax=
zuschlag.

Frachtgut: 1. für die Rohstoffe als: Kohlen, Coaks, Mineralien, Erden,
Dünger, Schwefel, Steine, Holz u. s. w. sowie für Eisen
und grobe Eisenwaaren, soweit diese Gegenstände in ganzen
Wagenladungen versendet werden, darf die Fracht 5 Centimes
per Tonne und per Kilometer nicht übersteigen, mit einem
Zuschlag von 3 Centimes per Tonne und per Kilometer
für diejenigen Strecken der Linie, welche Steigungen von
15 %₀₀ und darüber haben.

2. Für alle anderen Güter darf die Fracht 14½ Centimes per
Tonne und per Kilometer, oder 19½ Centimes per Tonne
und per Kilometer für die Strecken mit Steigungen von
15 %₀₀ und darüber nicht übersteigen, wobei jeder andere
Taxzuschlag ausgeschlossen sein soll.

Artikel 9.

Wenn die Zinsen des Aktienkapitals 9 % übersteigen, soll die Gesellschaft ge=
halten sein, zu einer Reduktion der Taxen zu schreiten und in erster Linie zu der
der Taxzuschläge.

Artikel 10.

Die Eisenbahn=Gesellschaft des St. Gotthard ist gehalten, den Eisenbahnen
der subventionirenden Staaten für den Personen= und Güterverkehr von, nach und
durch Italien wenigstens die gleichen Begünstigungen und Erleichterungen zu Theil
werden zu lassen, welche sie anderen außerhalb der Schweiz gelegenen Eisen=
bahnen oder einzelnen Theilen und Stationen derselben oder endlich den schwei=
zerischen Grenzstationen gewähren wird.

Sie darf sich in keinerlei Abmachungen mit anderen schweizerischen Eisen=
bahnen einlassen, durch welche dieser Grundsatz verletzt würde.

Insbesondere müssen die von der St. Gotthard=Eisenbahn=Gesellschaft zur Be=
lebung des Verkehrs nach, von und durch Italien beabsichtigten Tarif=Ermäßigungen
vor ihrer Einführung den Regierungen der subventionirenden Staaten rechtzeitig
mitgetheilt und auf deren Verlangen vom gleichem Zeitpunkte an den concurrirenden
Eisenbahnen und Verkehrs=Bezirken zugestanden werden.

Artikel 11.

Die schweizerische Eidgenossenschaft wird die allgemeine Verpflichtung über=
nehmen, die Vorschriften des gegenwärtigen Protokolls bezüglich des Baues der
St. Gotthardeisenbahn zur Ausführung bringen zu lassen.

Insbesondere wird sie von der Gesellschaft eine den von derselben eingegangenen
Verpflichtungen in ausreichendem Maße entsprechende Kaution verlangen.

Diese Kaution soll in der Hinterlegung von baarem Gelde oder guten Werth=
papieren bestehen und nicht eher zurückgegeben werden, als bis die Gesellschaft
ihre Verpflichtungen erfüllt oder die nöthige Sicherheit in einer andern Form ge=
leistet haben wird.

Der Bundesrath wird über alle Fragen entscheiden, welche auf die Erbauung
des großen Tunnels Bezug haben.

Er macht sich verbindlich, den kontrahirenden Staaten periodische Berichte über den Fortschritt und den Stand der Arbeiten gleichwie über die Betriebsergebnisse zu überreichen.

Artikel 12.

Jeder der kontrahirenden Staaten hat das Recht, an Ort und Stelle von dem Stand der Arbeiten Kenntniß nehmen zu lassen, nachdem er der schweizerischen Regierung die Personen bezeichnet haben wird, welche er mit dieser Einsichtsnahme betraut.

Jedes Jahr zu einer bestimmten Zeit wird man zur Prüfung der Arbeiten an den beiden großen Tunnels des St. Gotthard und des Monte-Cenere schreiten. Der Bundesrath wird die contrahirenden Staaten einladen, Abgeordnete zur Anwohnung bei diesem Geschäfte zu entsenden.

Ein Protokoll wird von den anwesenden Abgeordneten aufgenommen und unterzeichnet werden.

Artikel 13.

Sollten in den kantonalen Koncessionen Bestimmungen enthalten sein, welche jenen des gegenwärtigen Protokolls zuwiderlaufen, so werden diese Bestimmungen durch die Veröffentlichung des zu vereinbarenden Vertrages hinfällig.

Wenn ein schweizerischer Kanton auf irgend eine Weise dem Bau oder Betrieb der St. Gotthardlinie Hindernisse bereiten sollte, so wird die Eidgenossenschaft die Sache an sich ziehen und die Initiative bezüglich der nöthigen Maßregeln ergreifen.

Artikel 14.

Die Gesellschaft kann an ihrem Gesellschaftssitz belangt werden.

Wenn Streitigkeiten über Gegenstände des Civilrechts zwischen dem Bunde und dem St. Gotthard-Unternehmen entstehen, so sollen sie durch das Bundesgericht entschieden werden.

Artikel 15.

Im Falle die Konzession der St. Gotthard-Bahn an eine andere Gesellschaft übertragen werden wollte, unterliegt diese Uebertragung der Genehmigung des Bundesrathes, welcher die Verpflichtung übernimmt, dafür zu sorgen, daß alle Bestimmungen des gegenwärtigen Protokolls vollständig in Kraft bleiben.

Sollte der Fall eintreten, daß später eine Fusion zwischen schweizerischen Bahnen und der St. Gotthard-Bahn zu Stande käme oder die Gesellschaft des St. Gotthard neue Linien baute, so hätten die der Letzteren obliegenden Verbindlichkeiten, soweit sie sich auf den Betrieb erstrecken, auf das erweiterte Unternehmen überzugehen.

Artikel 16.

Die Staaten, welche an den Konferenzen Theil genommen haben, sind darüber einig geworden, den Betrag der zur Ermöglichung des Baues der Gotthard-Bahn erforderlichen Subvention auf 85 Millionen Franken festzusetzen.

Artikel 17.

Ein Dritttheil der Hilfsgelder soll in neun gleichen Jahreszielern bezahlt werden. Bezüglich der Einzahlung der zwei anderen Dritttheile sollen folgende Bestimmungen gelten:

a) Für jede Bauperiode soll zu gelegener Zeit den subventionirenden Staaten ein Programm und ein Voranschlag über die in dem großen Tunnel des St. Gotthard auszuführenden Arbeiten übergeben werden.

b) Der Bundesrath wird die Anfangszeit der ersten Bauperiode bestimmen und am Ende einer jeden Periode den anderen Staaten den Betrag derjenigen Summe bekannt geben, welche in Wirklichkeit aufgewendet worden ist. Die Zahlung dieser Summe ist nach der gemäß Artikel 12 vorzunehmenden Prüfung der Arbeiten zu leisten. Uebrigens können diese Zahlungen die im Budget der Bauperiode vorgesehene Summe nicht überfteigen.

Die Bezahlung der gleichen Jahresraten und der jedes Jahr für den Bau des Tunnels bestimmten Summen hat in baarem Gelde zu Händen der Bundesregierung einen Monat nach der Prüfung der Bauarbeiten des besagten Tunnels zu geschehen.

Nach der letzten Einzahlung wird der eventuelle Restbetrag der ganzen Subvention liquidirt werden.

Artikel 18.

Die Staaten behalten sich das Recht der Antheilnahme an den finanziellen Ergebnissen des Unternehmens nur für den Fall vor, daß die auf die Aktien zu vertheilende Dividende 7 % übersteigen würde. In diesem Falle soll die Hälfte des Ueberschusses als Zinsengenuß unter die subventionirenden Staaten nach Verhältniß ihrer Beiträge vertheilt werden.

Artikel 19.

Die Hilfsgelder sollen zur Verfügung der schweizerischen Bundesregierung nach Vorschrift des voranstehenden Artikels 17 gestellt werden.

Die schweizerische Regierung wird diese Hilfsgelder gleichzeitig mit jenen der Schweiz der Gesellschaft zufließen lassen, mit welcher sie sich über den Bau und Betrieb der Gotthardbahn zu verständigen hat.

———

Bezüglich der Betheiligung der Staaten an der im Artikel 16 erwähnten Subvention von 85 Millionen geben die Abordnungen folgende Erklärungen ab:

Norddeutschland: Die Aufgabe der Abgeordneten des Norddeutschen Bundes bestand darin, die Möglichkeit des St. Gotthard-Projekts nach allen Richtungen zu studiren und eine genaue Vorstellung zu erlangen von den Hülfsmitteln, auf welche man von Seiten der bei diesem Unternehmen am meisten interessirten Staaten rechnen könnte.

Auf Grund des hierüber erstatteten Berichts wird der Bundeskanzler, Graf von Bismarck, die von der hohen Konferenz getroffenen provisorischen Vereinbarungen zur Kenntniß und Entscheidung des Bundesraths und des Reichstags des Norddeutschen Bundes bringen.

Uebrigens wollen die Abgeordneten des Nordbundes hier die Thatsache nicht unerwähnt lassen, daß jede von seiner Seite zu leistende Subvention nur zur Erbauung der Gotthardlinie bestimmt werden könnte, mit Ausschluß jedes anderen Alpenüberganges.

Die Badische Abordnung erklärt, daß die Großh. Regierung, nachdem sie schon durch eine offizielle Note vom 5. April l. J. zur Kenntniß der schweizerischen Regierung gebracht habe, daß sie nur für den Gotthardpaß allein in der Lage wäre, eine Subvention zu gewähren, im Hinblick auf das Endergebniß der internationalen Konferenzen, bereit sei, an der dem St. Gotthardbahn-Unternehmen zu leistenden

3

Subvention von 85 Millionen Franken, sich mit einer Summe von 3 Millionen Franken zu betheiligen, vorbehaltlich der Zustimmung der Stände des Großher= zogthums.

Italien wird das Werk des St. Gotthard mit einer Summe von 45 Millionen Franken unterstützen. Es übernimmt außerdem die Verpflichtung, die nöthigen Anschlüsse zu erstellen zwischen Chiasso und Camerlata, wie auch zwischen der Schweizergrenze auf dem linken Ufer des Langensees und einem in seiner Wahl liegenden Punkte des italienischen Netzes.

Die Schweizerische Abordnung erklärt, daß die Schweiz eine Unterstützung von 20 Millionen Franken leisten wird.

Das Königreich Württemberg. Bei dem Entschlusse, an den Arbeiten der internationalen Konferenz Theil zu nehmen, ist die württembergische Regierung von der Voraussetzung ausgegangen, daß man bezüglich des Verkehrs (über den St. Gott= hard) zwischen Württemberg und Deutschland einerseits und Italien andererseits den Grundsatz der Beförderung auf der kürzesten Linie anerkennen werde. Da diese Hoffnung bei den bis jetzt stattgehabten Verhandlungen sich nicht erwahrt hat, so muß Württemberg die Frage einer dem St. Gotthard=Unternehmen zu gewäh= renden Subvention im Allgemeinen sowohl, als die speziellere Frage des Betrags dieser Subvention von einer weiteren Vereinbarung mit Baden über ihre beider= seitigen Konkurrenzverhältnisse bezüglich des Verkehrs zwischen Deutschland und Italien abhängig machen.

In dieser Meinung vermögen die Vertreter Württembergs über jeden Antrag bezüglich der Subvention nur an ihre Regierung zu berichten.

Italienisch-Schweizerischer Vertrag
vom 15. October 1869.

Le Conseil fédéral de la Confédération Suisse

et

Sa Majesté le Roi d'Italie,

pénétrés de la nécessité de réunir leurs efforts pour vaincre les difficultés que les Alpes opposent à la jonction des chemins de fer de l'Europe centrale avec ceux de la Péninsule italienne, et convaincus que pour atteindre ce but il est opportun de s'engager réciproquement par une Convention particulière sur les bases arrêtées à cet égard le 13 Octobre 1869 dans le Protocole final de la Conférence des Etats réunis à Berne pour s'entendre sur les moyens d'exécuter la ligne du St-Gothard, ont nommé pour leurs Plénipotentiaires, savoir:

Le Conseil fédéral de la Confédération suisse,

Monsieur Emile **Welti**, Président de la Confédération,

Monsieur Charles **Schenk**, Conseiller fédéral, chef du Département fédéral de l'Intérieur,

Monsieur Jacques **Dubs**, Conseiller fédéral, chef du Département fédéral des Postes,

et

Sa Majesté le Roi d'Italie,

Monsieur le Chevalier Louis-Amédée **Melegari,** Chevalier Grand'-Croix, décoré du Grand Cordon de Son ordre des Saints Maurice et Lazare, etc., etc., etc., Sénateur du Royaume, Son Envoyé extraordinaire et Ministre plénipotentiaire près la Confédération suisse;

Lesquels, après s'être communiqué leurs pleins-pouvoirs, trouvés en bonne et due forme, sont convenus des articles suivants:

3*

Article premier.

La suisse et l'Italie s'unissent pour assurer la jonction entre les chemins de fer allemands et les chemins de fer italiens par le moyen d'un chemin de fer suisse à travers le St-Gothard.

Le réseau du St-Gothard à construire pour atteindre ce but comprend les lignes suivantes:

    Lucerne-Kussnacht-Immensee-Goldau,
    Zoug-St-Adrien-Goldau,
    Goldau-Fluelen-Biasca-Bellinzone,
    Bellinzone-Lugano-Chiasso,
    Bellinzone-Magadino-Frontière italienne vers Luino, avec
        embranchement sur Locarno.

Ce réseau aura une longueur d'environ 263 kilomètres.

Dans le but de faciliter l'exécution de ces lignes, les parties contractantes accorderont en commun une subvention à la société qui se formera pour la construction et l'exploitation du chemin de fer du St-Gothard.

Dans l'organisation de cette Societé, le Conseil fédéral prendra les mesures nécessaires pour assurer l'exécution de l'entreprise et de tous les engagements mentionnés dans la présente convention. A cet effet, les statuts de la Société devront être soumis à l'approbation du Gouvernement fédéral.

Art. 2.

Pour que le chemin de fer du St-Gothard puisse remplir les conditions d'une grande ligne internationale, il ne doit pas, à son point culminant, avoir plus de $1162^1/_2$ mètres de hauteur au-dessus du niveau de la mer; le rayon minimum des courbes ne devra pas être inférieur à 300 mètres et le maximum des pentes ne devra pas excéder $25^0/_{00}$. Pour le cas où il serait nécessaire de dépasser le $25^0/_{00}$ entre Biasca et Lavorgo, on demandera à cet effet l'autorisation du Conseil fédéral, qui, sur ce tronçon, pourra accorder une augmentation jusqu'à $26^0/_{00}$.

Le tunnel à construire entre Gœschenen et Airolo devra être établi en ligne droite.

La ligne de Fluelen à Biasca sera construite à double voie. Sur le reste de la ligne Goldau-Bellinzone les tunnels seront construits pour une double voie, mais les travaux d'art et de terrassements pourront être exécutés pour une seule voie.

Toutes les autres lignes pourront être établies pour une simple voie.

Art. 3.

Les lignes de réseau du St-Gothard seront construites dans l'*ordre* suivant, et la *durée* de la construction est pour chacune d'elles fixée comme suit:

Les lignes de Biasca au Lac Majeur et de Lugano à Chiasso devront être achevées 3 ans après la constitution de la société.

L'Italie s'engage à ce que pour la même époque le tronçon de raccordement de Chiasso à Camerlata soit construit et mis en exploitation.

Les travaux sur les autres lignes du réseau devront être entrepris en temps nécessaire pour qu'ils puissent être achevés et que ces lignes soient ouvertes simultanément avec la grande galerie de Gœschenen à Airolo.

Les lignes dont la construction est supposée de $2\frac{1}{2}$ années sont les suivantes:

Lucerne-Kussnacht-Goldau,
Zoug-St-Adrien-Goldau,
Biasca-Bellinzone,
Lugano-Chiasso,
Bellinzone-Frontière suisse (Luino), avec embranchement sur
  Locarno.

Les lignes dont la construction est supposée de $4\frac{1}{2}$ années sont les suivantes:

Goldau-Fluelen,
Fluelen-Gœschenen,
Airolo-Biasca,
Bellinzone-Lugano.

La durée de la construction du tunnel à établir entre Gœschenen et Airolo est présumée être de 9 années. Le commencement des travaux sera fixé par le Conseil fédéral.

Art. 4.

La Confédération suisse pourvoira à ce que, par un passage sur le Rhin près de Bâle, le chemin de fer Central suisse soit relié au réseau du Grand-Duché de Bade.

L'Italie construira un chemin de fer sur la rive gauche du Lac majeur, rejoignant le chemin suisse sur la frontière près de Pino à un des points du réseau italien situé sur la route directe de Gênes.

Les parties contractantes s'engagent d'une manière générale à faire leur possible pour que les lignes d'accès au réseau du St-Gothard soient corrigées dans le sens d'un raccourcissement, et en particulier la Confédération s'engage à faire ses efforts pour obtenir la construction d'un tronçon qui permette d'éviter le détour sur la station d'Altstätten.

Au cas où cette ligne de raccourcissement ne serait pas construite au moment de la mise en exploitation de la ligne du St-Gothard, il serait procédé à une réduction équivalente du tarif des transports.

Art. 5.

La Suisse s'engage à ce que toutes les parties de la ligne telles qu'elles doivent être construites soient livrées le plus tôt possible à l'exploitation lorsqu'elles seront terminées.

Dès que toute la ligne sera achevée, le service de l'exploitation en devra être organisé. Pour garantir la conformité de l'organisation de l'exploitation avec les dispositions de la présente convention cette organisation devra être soumise à l'approbation du Conseil fédéral.

Art. 6.

Les cas de force majeure réservés, l'exploitation du chemin de fer du St-Gothard devra être assurée contre toute interruption et elle devra dans toutes ses parties répondre à ce qu'on est en droit d'exiger d'une grande ligne internationale.

Toutefois la Suisse se réserve de prendre les mesures nécessaires pour le maintien de la neutralité et pour la défense du pays.

Art. 7.

Les hautes parties contractantes feront leurs efforts pour faciliter le plus possible, en vue de l'intérêt commun, le trafic entre l'Allemagne et l'Italie, et à cet effet, elles chercheront à provoquer sur le chemin de fer du St-Gothard le transport des personnes, des marchandises et des objets postaux le plus régulier, le plus commode, le plus rapide et le meilleur marché possible.

La Compagnie du chemin de fer du St-Gothard organisera, avec les chemins de fer des Etats subventionnants sur la demande des administrations de ces chemins de fer, un service direct (cumulatif), pour le transit sur le St-Gothard.

La Suisse s'engage à prendre les mesures nécessaires pour que les trains soient organisés de telle manière qu'autant que possible ils coïncident sans interruption avec les chemins de fer de l'Allemagne et de l'Italie.

Elle s'engage aussi à faire établir sur la ligne du St-Gothard en été au moins trois trains de voyageurs par jour dans les deux directions et en hiver au moins deux. Ces trains chemineront sans interruption et l'un d'eux sera un train express.

Art. 8.

Pour ce qui concerne le trafic transitant d'Allemagne en Italie et *vice versâ* on a fixé comme suit les taxes maximales de transport:

Voyageurs:

Ire classe 50 centimes par lieue suisse; IIme classe 35 centimes, et IIIme classe 25 centimes. Toutefois, pour les parties de la ligne ayant une pente de 15°/oo et plus, l'entreprise du St-Gothard pourra exiger une surtaxe de 50°/o.

Marchandises:

Grande vitesse: 45 cent. par tonne et par kilomètre, sans aucun supplément de taxe.

Petite vitesse: 1° pour les matières brutes, telles que le charbon, le coke, le minerai, les terres, les engrais, le soufre, les pierres, le bois, etc., de même que pour le fer et les marchandises brutes en fer, en tant que ces objets sont expédiés en wagons complets, la taxe ne pourra excéder 5 centimes par tonne et par kilomètre, avec une surtaxe de 3 centimes par tonne et par kilomètre pour les parties de la ligne qui offrent des pentes de 15°/oo et au-dessus.

2° Pour toutes les autres marchandises, la taxe ne pourra excéder 14$^{1}/_{2}$ centimes par tonne et par kilomètre, ou 19$^{1}/_{2}$ centimes par tonne et par kilomètre pour les parties de la ligne ayant des pentes de 15°/oo et au-dessus, tout autre supplément de taxe étant exclu.

Art. 9.

Quand l'intérêt du capital-actions excèdera le 9°/o, la Compagnie sera tenue de procéder à la réduction des taxes, et en première ligne à celle des surtaxes.

Art. 10.

La Société du chemin de fer du St-Gothard est tenue de faire jouir, pour le transport des personnes et des marchandises d'Italie, pour l'Italie et à travers l'Italie, les chemins de fer des Etats subventionnants au moins des mêmes avantages et des mêmes facilités qu'elle aura accordés soit à d'autres chemins de fer en dehors de la Suisse , soit à des parties et à des stations quelconques de ces chemins de fer, soit enfin aux stations frontières suisses. Elle ne peut entrer dans aucune combinaison avec d'autres chemins de fer suisses, par laquelle ce principe se trouverait violé.

En particulier, les réductions de tarifs que voudrait accorder le chemin de fer du St-Gothard en vue d'activer le trafic pour l'Italie, de l'Italie et à travers l'Italie devront, avant leur mise en vigueur, être communiquées à temps aux Gouvernements des Etats subventionnants, et, sur leur demande, les réductions de tarifs dont il s'agit devront être accordées à partir de la même époque pour les chemins de fer et les districts concurrents.

Art. 11.

La Confédération suisse prendra l'engagement général de faire exécuter les prescriptions de la présente convention relatives à la construction du chemin de fer du St-Gothard.

En particulier, elle devra exiger de la Société un cautionnement correspondant d'une manière suffisante aux obligations contractées par elle. Ce cautionnement consistera en un dépôt d'espèces ou de bonnes valeurs et il ne sera restitué que lorsque la Société aura rempli ses obligations ou qu'elle aura fourni les garanties nécessaires sous une autre forme.

Le Conseil fédéral prononcera sur toutes les questions qui ont trait à la construction de la grande galerie.

Il s'engage à présenter aux Etats subventionnants des rapports périodiques sur la marche et l'état des travaux, de même que sur le résultat de l'exploitation.

Art. 12.

Chacun des Etats subventionnants aura le droit de prendre, sur les lieux, connaissance de l'état des travaux après avoir désigné au Gouvernement suisse les personnes qu'il chargera de cette inspection.

Chaque année à une époque déterminée on procèdera à la vérification des travaux des deux grandes galeries du St-Gothard et du Monte-Cenere. Le Conseil fédéral invitera les Etats subventionnants à envoyer des délégués pour assister à cette opération: un procès-verbal sera dressé et signé par les délégués présents.

Art. 13.

S'il existe dans les concessions cantonales des dispositions con-

traires à celles de la présente convention, ces dispositions s'enten-
dront abrogées par la publication de la dite convention.

Si un Canton suisse entravait d'une manière quelconque l'établissement ou l'exploitation de la ligne du St-Gothard, la Confédération évoquerait à elle l'affaire et prendrait l'initiative des mesures
nécessaires.

Art. 14.

La Société peut être actionnée à son siége social.

S'il survient des contestations en matière de droit civil entre
la Confédération et l'entreprise du St-Gothard, elles seront réglées
par le Tribunal fédéral.

Art. 15.

Au cas où la concession du chemin du St-Gothard viendrait
à être transmise à une autre société, cette transmission devra être
approuvée par le Conseil fédéral, qui prend l'engagement de pourvoir à ce que toutes les stipulations de la présente convention
restent entièrement en vigueur.

Dans le cas où une fusion viendrait plus tard à être opérée
entre des chemins de fer suisses et le chemin de fer du St-Gothard,
ou si la Société du St-Gothard construisait de nouvelles lignes,
les obligations incombant à cette dernière passeraient à l'entreprise
plus étendue, en tant qu'elles se rapportent à l'exploitation.

Art. 16.

Les hautes parties contractantes sont tombés d'accord pour fixer,
d'après le Protocole final de la Conférence de Berne, à la somme
de quatre-vingt-cinq millions de francs le chiffre de la subvention
nécessaire pour rendre possible l'établissement du chemin de fer
par le St-Gothard.

Art. 17.

Un tiers des subsides sera payé en neuf annuités égales. Relativement au paiement des deux autres tiers, les dispositions suivantes feront règle:

a) Pour chaque exercice il sera transmis, en temps opportun,
aux Etats subventionnants, un programme et un devis des travaux
à opérer dans la grande galerie du St-Gothard.

b) Le Conseil fédéral fixera l'époque du commencement du
premier exercice, et à la fin de chaque exercice il fera connaître
aux autres Etats le montant de la somme qui a été réellement
dépensée. Le paiement de cette somme s'effectuera après la véri-

fication des travaux, faite en conformité de l'art. 12. Toutefois ces paiements ne pourront excéder la somme portée au budget de l'exercice.

Le paiement des annuités égales et celui des sommes consacrées chaque année à la construction du tunnel s'effectueront en espèces entre les mains du Gouvernement fédéral un mois après la vérification des travaux de construction du dit tunnel.

On liquidera, lors du dernier versement, le solde éventuel de la subvention totale.

Art. 18.

Les Etats ne se réservent un droit de participation aux résultats financiers de l'entreprise que dans le cas où le dividende à répartir sur les actions dépasserait le $7^0/_0$. Dans ce cas la moitié de l'excédant serait partagée à titre d'intérêt entre les Etats subventionnants, dans la proportion de leurs subsides.

Art. 19.

Les subsides seront mis à la disposition du Conseil fédéral suisse, d'après les prescriptions de l'art. 17 ci-dessus. Ce Conseil fédéral fera parvenir ces subsides en même temps que ceux de la Suisse à la Compagnie, avec laquelle il aura à s'entendre sur la construction et l'exploitation du chemin de fer du St-Gothard.

Art. 20.

La Suisse s'engage à participer pour la somme de vingt millions de francs, et le Royaume d'Italie pour celle de quarante-cinq millions de francs, au total des subsides fixé à l'article 16 de la présente Convention.

Art. 21.

Cette Convention ne sera exécutoire qu'à partir du jour où, par le concours d'autres États signataires du Protocole final de la Conférence de Berne, le total des subsides aura atteint la somme de quatre-vingt-cinq millions de francs.

Si dans le délai de six mois à partir du premier Novembre prochain cette condition ne se trouve pas remplie, la présente Convention sera regardée comme non avenue.

Art. 22.

Les Gouvernements des deux États inviteront les autres États signataires du protocole final de la Conférence de Berne, du 13 Octobre 1869, à adhérer à la présente Convention, conclue à la suite des déclarations faites par leurs représentants dans le sein de la Conférence et en conformité des dispositions arrêtées dans le dit Protocole final.

Art. 23.

La présente Convention sera ratifiée dès que l'Assemblée fédérale et le Parlement italien l'auront approuvée, et les ratifications en seront échangées à Berne aussitôt que faire se pourra.

En foi de quoi les Plénipotentiaires ont signé la présente Convention et y ont apposé leurs cachets.

Fait à *Berne* en double expédition, le quinze Octobre mil-huit-cent-soixante neuf.

(Signé) **Welti.**　(Signé) **Melegari.**
(Signé) **Schenk.**
(Signé) **Dubs.**

Schweizerische Note vom 29. November 1869 an den Norddeutschen Bund, Württemberg und Baden.

Der Unterzeichnete, Außerordentliche Gesandte und Bevollmächtigte Minister der Schweizerischen Eidgenossenschaft hat die Ehre im Auftrage seiner Regierung Seiner Excellenz dem Herrn Grafen v. Bismarck-Schönhausen, Kanzler des Norddeutschen Bundes folgende auf die Erstellung der Schweizerischen Alpenbahn durch den St. Gotthard bezüglichen Mittheilungen zu machen.

Die Konferenzverhandlungen, welche jüngsthin in Bern gepflogen worden sind, um die Verbindung der Deutschen und Italienischen Bahnen vermittels eines Schienenweges durch den St. Gotthard zu führen, haben, wie Ew. Excellenz bekannt ist, zu der Unterzeichnung des Schlußprotokolles vom 13. Oktober d. J. geführt, in welchem diejenigen Bestimmungen niedergelegt sind, die nach der übereinstimmenden Ansicht der Bevollmächtigten Gegenstand des zwischen den Konferenzstaaten in Aussicht genommenen Vertrages bilden sollen.

Da die Schweizerische Eidgenossenschaft und das Königreich Italien zur Zeit schon bereit waren, auch in Bezug auf die finanzielle Seite des Unternehmens verbindliche Verpflichtungen einzugehen, so erklärten sich ihre Repräsentanten in der Sitzung vom 13. Oktober geneigt, unter sich zum förmlichen Vertragsabschluß auf Grundlage des Schlußprotokolles zu schreiten, insofern die übrigen Staaten gegen dieses Vorgehen Nichts zu erinnern hätten, und es fand am 15. Oktober die Unterzeichnung des Vertrages wirklich statt, nachdem die Delegation des hohen Norddeutschen Bundes eröffnet hatte, daß sie mit voller Befriedigung von der Erklärung der Schweiz und Italiens Kenntniß genommen habe und die Ueberzeugung hege, es werde der zwischen diesen Staaten abzuschließende Vertrag für die Ausführung des von der Konferenz angestrebten Werkes eine sichere Grundlage bilden.

Indem der Unterzeichnete sich beehrt, Seiner Excellenz eine Abschrift dieses Vertrages, sowie sämmtliche Konferenzprotokolle zu übergeben, richtet er im Namen seiner Regierung und gemäß der dem Königreich Italien gegenüber eingegangenen gegenseitigen Verpflichtung an das hohe Präsidium des Norddeutschen Bundes das höfliche Ansuchen, durch die verbindliche Anerkennung der Bestimmungen des Schlußprotokolles vom 13. Oktober, sowie durch die Uebernahme einer entsprechenden Quote der im Art. 16 dieses Protokolles vereinbarten Subventionssumme dem Vertrage förmlich beizutreten. Dabei erlaubt er sich Seine Excellenz darauf aufmerksam zu machen, daß die zwischen Italien und der Schweiz abgeschlossene Konvention nur dann in Wirksamkeit treten wird, wenn binnen 6 Monaten vom 1. November 1869 an gerechnet, durch den Beitritt der deutschen Staaten die Subsidien den Betrag von 85 Millionen Franken erreicht haben werden.

Die Regierung des Unterzeichneten glaubt um so weniger an den Eintritt dieser Bedingung zweifeln zu dürfen, als bei den Konferenzverhandlungen alle wesentlichen Punkte gegenseitig zugestanden worden sind, welche die einzelnen Staaten als Bedingung für ihre Theilnahme an dem die gemeinsamen Interessen in so hohem Maße berührenden Werke aufgestellt haben und es einer Vereinbarung der deutschen Konferenz-Staaten gelingen wird die für Deutschland in Aussicht genommene Gesammtsubvention von zwanzig Millionen Franken unter den Betheiligten zu quotifiziren.

Indem der Unterzeichnete Seiner Excellenz schließlich noch ergebenst zur Kenntniß bringt, daß er — hierauf bezüglich — im Auftrage Seiner Regierung je eine gleichlautende Mittheilung auch an die Königliche Württembergische und Großherzogliche Badische Staatsregierung habe gelangen lassen, benützt er mit Vergnügen diesen Anlaß um Seiner Excellenz die Versicherung ausgezeichnetster Hochachtung darzubringen.

Berlin den 29. November 1869.

(gez.) **B. Hammer.**

Sr. Excellenz
dem Herrn Grafen v. Bismarck-Schönhausen,
&c. &c. &c.
Berlin.

Sr. Excellenz
dem Herrn Freiherrn von Varnbüler,
&c. &c. &c.
Stuttgart.

Sr. Excellenz
dem Herrn von Freydorf,
&c. &c. &c.
Carlsruhe.

Note des Bundeskanzlers Grafen von Bismarck an den Schweizerischen Gesandten in Berlin.

Berlin, den 30. Januar 1870.

Der Unterzeichnete hat die Ehre gehabt die Note zu erhalten, durch welche der außerordentliche Gesandte und bevollmächtigte Minister der Schweizerischen Eidgenossenschaft, Herr Oberst Hammer, im Auftrage seiner Regierung das Präsidium des Norddeutschen Bundes einladet, durch verbindliche Anerkennung der Bestimmungen in dem Schlußprotokolle der internationalen Konferenz über die Gotthardbahn, sowie durch Uebernahme einer entsprechenden Quote der im Art. 16 dieses Protokolles vereinbarten Subventionssumme dem zwischen der Schweiz und Italien am 15. Oktober v. J. unterzeichneten Vertrage über jene Eisenbahn förmlich beizutreten.

Schon vor Empfang dieser Note war der Unterzeichnete durch die von ihm mit der Theilnahme an der internationalen Konferenz beauftragten Kommissarien von den Ergebnissen unterrichtet worden, zu welchen die über die Gotthardbahn gepflogenen Verhandlungen geführt haben. Nach Prüfung dieser Ergebnisse und von dem lebhaften Wunsche geleitet, das Gelingen des großartigen Unternehmens, welches den Gegenstand der Konferenz bildete, auf der, in der letzteren gewonnenen Grundlage zu fördern, hat der Unterzeichnete Einleitungen getroffen, um die Konferenz-Beschlüsse, in Uebereinstimmung mit der Erklärung der diesseitigen Kommissarien in dem Schlußprotokolle vom 13. Oktober v. J. dem Bundesrathe und Reichstage des Norddeutschen Bundes zur Entschließung vorzulegen. Inzwischen kann er die, in diesem Protokolle enthaltene fernere Erklärung der diesseitigen Kommissarien nur bestätigen, daß die Gewährung einer Subvention für eine andere Alpenbahn, als diejenige über den Gotthard, nicht in Aussicht genommen werden wird.

Der Unterzeichnete ergreift auch diesen Anlaß zur erneueten Versicherung seiner ausgezeichnetsten Hochachtung.

(gez.) v. Bismarck.

An den Herrn Oberst Hammer,
&c. &c. &c.

Schweizerische Depesche vom 9. März 1870.

Der Berner Bund vom 12. März enthielt folgende halboffizielle Mittheilung aus der Sitzung des Bundesraths vom 11. März:

Anknüpfend an die Note, welche der Bundeskanzler des Norddeutschen Bundes am 30. Januar d. J. an den schweizerischen Gesandten in Berlin in Sachen der Gotthardbahn gerichtet hat, beauftragt der Bundesrath den Obersten Hammer, dem Grafen Bismarck mitzutheilen, daß die seitherigen Verhandlungen der herwärtigen Bundesbehörden mit den zunächst betheiligten Kantonen und Eisenbahngesellschaften kaum Zweifeln darüber Raum lassen, daß in kürzester Zeit bindende Zusicherungen ·für die Deckung des der Schweiz im Schlußprotokoll der internationalen Gotthardkonferenz überbundenen Subventionsantheils von 20 Millionen Franken eingehen werden. Da nun der im bezüglichen Vertrage mit Italien festgesetzte Termin für die definitive Sicherung des gesammten Subventionskapitals immer näher heranrücke (1. Mai 1870), so müsse der Bundesrath wünschen, daß auch anderwärts rechtzeitig über die in Aussicht genommenen Subventionszusagen definitive Entschließungen zu Stande kämen; der Bundesrath würde diesfalls besondern Werth auf ein entsprechendes Vorgehen des Norddeutschen Bundes und eine daran anschließende Verständigung mit den süddeutschen Staaten setzen.

Die Verhandlungen der badischen Kammern.

Am 2. März d. J. legte die badische Regierung den Ständen einen Gesetzentwurf folgenden Inhalts vor:

Friedrich, von Gottes Gnaden Großherzog von Baden, Herzog von Zähringen. Mit Zustimmung Unserer getreuen Stände haben wir beschlossen und verordnet, wie folgt:

§. 1.

Die Großherzogliche Regierung wird ermächtigt, um die Verbindung der deutschen und der italienischen Eisenbahnen vermittelst einer schweizerischen Eisenbahn durch den St. Gotthard sicher zu stellen, einen Zuschuß von drei Millionen Franken zu diesem Unternehmen zu leisten.

§. 2.

Die Bedingungen, unter welchem dieser Zuschuß zu erfolgen hat, sind im Wege des Staatsvertrages auf der Grundlage der Bedingungen festzustellen, welche in dem Schlußprotokoll vom 13. Oktober 1869 der wegen des Baues einer Gotthardbahn in Bern stattgehabten internationalen Konferenz zwischen den Kommissären von Baden, dem Norddeutschen Bunde, Italien, der Schweiz nnd Württemberg vereinbart worden sind.

Gegeben 2c.

Die von der Zweiten Kammer niedergesetzte Kommission beantragte nach ausführlicher Begründung, dem fraglichen Gesetzentwurfe mit dem Zusatz der Worte: „aus der Eisenbahnschuldentilgungskasse" im § 1 nach den Worten: „drei Millionen Franken" die Genehmigung zu ertheilen und die Großherzogliche Regierung zur Eingehung der vertragsmäßigen Regelung auf der Grundlage des beigefügten Schlußprotokolls und einer badischen Subvention von 3 Millionen Franken zu ermächtigen. — Die Kommission beantragte außerdem die Erwartung zu Protokoll auszusprechen, daß die Regierung unter keinen Umständen eine weitergehende Subvention für den Bau der Gotthardbahn übernehmen werde.

Die Angelegenheit kam zur Verhandlung in der Zweiten badischen Kammer am 15. März. Zum Verständniß der Debatte genügt der nachstehende Auszug aus der Karlsruher Zeitung:

Abg. Seitz würde den Lukmanier in allen Beziehungen für besser halten, muß aber einräumen, daß unter den obwaltenden Umständen nur die Gotthard=Bahn möglich sei.

Abg. Tritscheller berührt die großen Unternehmungen unserer Zeit und erklärt den Gotthard-Uebergang für die richtige Mitte.

Abg. Lindau entwickelt die finanziellen und kommerziellen Bedenken, welche ihn bestimmen würden, gegen das Gesetz zu stimmen.

Abg. **Hummel** spricht in längerer Rede für die Regierungsvorlage.

Handelsministerialpräsident v. **Dusch** rechtfertigt eingehender die Regierungsvorlage. Er hätte nicht geglaubt, daß man nochmals auf den Splügen oder Lukmanier zurückkommen werde. Der Gotthard sei in jeder Beziehung für besser zu halten, speziell für Baden. Der Splügen würde den Hauptverkehr von den badischen Linien ablenken. Wirthschaftliche und kommerzielle Rücksichten verlangen den Gotthard, will man die Gefahr für die süddeutschen Bahnen, von dem Verkehr nicht blos mit Italien, sondern auch von dem großen Weltverkehr durch den Mont-Cenis abgeschnitten zu werden, beseitigt wissen. Die Quote von 20 Mill. Fr. für Deutschland sei gewiß nicht zu hoch. Speziell der Beitrag Badens rechtfertige sich durch die badischen Interessen; gerade für seine Bahnen sei die Eröffnung des südlichen Uebergangs von größter Wichtigkeit und derselbe namentlich für den Handel Mannheims von hoher Bedeutung. In allen diesen Erwägungen liege eine bringende Aufforderung zu einem höheren Beitrage, als die Bevölkerungszahl Badens im Verhältniß zur gesammt-deutschen mit sich bringen würde. Die von der Kommission ausgesprochene Erwartung, daß Baden sich auf keinen Fall zu einem höheren Beitrage verstehen solle, möchte Redner, obwohl im Allgemeinen damit einverstanden, doch nicht dahin verstehen, daß die Großherzogliche Regierung dadurch absolut gehindert sein solle, vorkommenden Falles die Interessen des Landes in Erwägung zu ziehen. Gegen den Zusatz habe die Großh. Regierung nichts einzuwenden.

Im weitern Verlauf der Diskussion zeigt Abg. **Lamey** die Nothwendigkeit des Zusammenstehens aller an der Bahn Interessirten, damit sie zu Stande komme. Die vorgesehene Subvention sei im richtigen Verhältnisse zu unseren Interessen, da wir die Nächstliegenden seien. Er äußert sich über die Erklärung Württembergs im Berner Schlußprotokoll, die ihm unbegreiflich erscheint (die Erklärung geht dahin, daß Württemberg die Frage der Subvention von einer weiteren Vereinbarung mit Baden über die beiderseitigen Konkurrenzverhältnisse bezüglich des Verkehrs zwischen Deutschland und Italien abhängig machen müsse) und protestirt dagegen, daß Württemberg nur unter der Bedingung badischer Konzessionen etwas gebe.

4

Handelsministerialpräsident v. Duſch erklärt, es handle ſich nicht darum, an Württemberg etwas abzugeben, was uns naturgemäß zukomme; Württemberg wolle nur, was ihm naturgemäß zukomme, ſich von Baden geſichert wiſſen. Wir ſeien überhaupt in Konkurrenz mit Württemberg, ſein Vorbehalt ſei daher leicht verſtändlich.

Nach einigen weiteren Bemerkungen wird hierauf der ganze Geſetzentwurf (§. 1 mit dem oben erwähnten Zuſatz der Kommiſſion) in namentlicher Abſtimmung mit allen gegen fünf Stimmen und eine Stimmenthaltung angenommen und ebenſo in einfacher Abſtimmung der Kommiſſionsantrag auf obige Erklärung zu Protokoll.

Die Erſte Kammer verhandelte den Gegenſtand am 26. März.

Der Berichterſtatter Se. Durchlaucht Fürſt W. zu Löwenſtein verlieſt den Bericht, welcher die Annahme des Entwurfs nach den Beſchlüſſen des andern Hauſes beantragt (Zuſchuß von 3 Mill. Franken). Drei Geſichtspunkte ſeien es, nach denen der badiſche Staat an der Gotthardbahn ein großes Intereſſe habe: einmal die Vermehrung des Perſonen- und Güterverkehrs, welche nach Berechnung der Regierung 67,880 fl. betrage; ſodann die Abwendung des Verluſtes, welcher Baden treffen würde, wenn ſich der direkte Verkehr nach Italien nicht durch die Schweiz ziehen könne; endlich der wichtigſte Punkt, die Eröffnung neuer Abſatzquellen für die einheimiſche Induſtrie und Rohproduktion.

In der allgemeinen Diskuſſion ergreift Niemand das Wort, ebenſo zu den drei einzelnen Artikeln. Das Geſetz wird bei namentlicher Abſtimmung mit allen Stimmen angenommen.

Verlängerung des Termins für den italienisch-schweizerischen Vertrag vom 15. Oktober 1869.

Wie mehrere schweizer Blätter gegen Ende April als zuverlässig melden, hat der Bundesrath den Vorschlag der italienischen Regierung, die für die Subventionszusage der betheiligten Staaten in Art. 20 des Spezialvertrages mit Italien, betreffend die Gotthardbahn, vorgesehene Frist vom 1. November 1869 bis 1. Mai 1870 auf weitere drei Monate zu verlängern, angenommen. Ein bezüglicher Zusatzartikel zu diesem Vertrage ist im Bundespalais von Hrn. Bundespräsidenten Dr. Dubs und dem italienischen Gesandten bei der Eidgenossenschaft, Senator Melegari, unterzeichnet worden. Dem schweizerischen Gesandten in Berlin, Hrn. Obersten Hammer, ist hiervon mit dem Auftrage Kenntniß gegeben, den Regierungen des Norddeutschen Bundes, des Großherzogthums Baden und des Königreichs Württemberg von diesem Abkommen mit dem Ersuchen Mittheilung zu machen, innerhalb dieser neu eröffneten Frist ihre definitiven Entschließungen, betreffend ihre Betheiligung an der Subvention des Unternehmens, beförderlichst nach Bern gelangen zu lassen.

Anhang.

Die Norddeutsche Allgemeine Zeitung No. 14 vom 18. Januar 1870 enthält an hervorragender Stelle folgenden Artikel:

Unter der Ueberschrift „Neue Gestaltung der Alpenbahn-Angelegenheit" brachte die „Vossische Zeitung" einen Artikel, welcher den Zweck hat, das endlich seiner Realisirung entgegengehende Gotthard-Projekt noch in der eilften Stunde in düsterem Licht erscheinen zu lassen. — Die Farben zu dem Bilde mußten einzelne aus Korrespondenz-Artikeln herausgerissene Stellen liefern, und der Pinsel wurde muthmaßlich von einem verehrlichen Reisenden aus Chur geführt, welcher mit partikularistischer Vorliebe und anerkennenswerther Energie in Berlin im Splügen-Projekt und Unkundigen glauben macht, daß dieses in der Schweiz in öffentlicher Versammlung als todtgeboren bezeichnete Projekt bei uns noch Lebensfähigkeit erhalten könnte! — Hierauf diskutirend eintreten zu wollen, liegt uns gänzlich fern. Langjährige gründliche Studien haben Sach- und Fachkenner verschiedener Nationen zu der bestimmten Ueberzeugung geführt, daß der Gotthard-Bahn unter allen übrigen der Vorzug zu geben sei. Der Norddeutsche Bund hat sich in einer Note vom 31. März v. J. definitiv und exclusiv für diese erklärt und dies in der Schlußkonferenz zu Bern am 13. Oktober v. J. noch besonders scharf accentuirt, nachdem Italien und die Schweiz ihrerseits sich zu einer Tunnelsubvention von 65 Millionen Franken verpflichtet hatten. — Wenn nun in nächster Frist vom Bundesrathe in Berlin eine spezielle Denkschrift zur Begründung der Subventionirung dieses Projektes vorgelegt werden dürfte, und wenn dasselbe in allen maßgebenden und bis zu den Allerhöchsten Kreisen hinauf das lebhafteste Interesse findet, so müssen wir neben der erwähnten Energie des Splügenvertreters nicht minder die Naivität dieses Gotthardzertreters bewundern. — Ist der betreffende Herr nicht nur ein Graubündner, sondern ein Schweizer, so darf man hoffen, daß er diese scheinbaren Versuche nur macht, um seinem partikularistischen Gewissen zu genügen und nicht in der Absicht, sein Vaterland (wenn nicht Splügen) jeder Alpenbahn aus Mißgunst berauben zu wollen. — Ob hinter dem Lichtbilde vom Splügen vielleicht finstere Geldmächte stehen, die anderen politischen Einflüssen zugänglich sind, entzieht sich unserer Beurtheilung, muthmaßlich aber nicht der unserer Behörden und unserer patriotischen Finanzmänner.

Druck von J. Dräger's Buchdruckerei (C. Feicht) in Berlin.

Verlag von Julius Springer in Berlin.

Politische Geschichte der Gegenwart

von

Wilhelm Müller

Professor.

Heft I: **Das Jahr 1867.** Preis 18 Sgr.

Heft II: **Das Jahr 1868.** Preis 22½ Sgr.

Heft III: **Das Jahr 1869.** Preis 22½ Sgr.

Das Unternehmen ist überall auf das günstigste beurtheilt und aufgenommen worden: wie über das erste Heft hat sich die Presse auch über das zweite Heft überaus anerkennend ausgesprochen.

Die Verlagshandlung läßt hier aus den Urtheilen der Presse einige folgen:

National-Zeitung: Die Vorzüge, die wir schon an dem ersten Bande zu erwähnen hatten: den patriotischen Sinn des Verfassers, die Frische und Uebersichtlichkeit der Darstellung, zeichnen auch diesen zweiten Theil aus. Der Verfasser erzählt die wichtigsten Vorfälle des vergangenen Jahres, die amtlichen Erklärungen und Depeschen, die hervorragendsten Reden in den verschiedenen Parlamenten; selbst wichtigere Zeitungsartikel sind in Auszügen mitgetheilt. Wenn auch, wie es nicht anders bei einer „Politischen Geschichte der Gegenwart" sein kann, der Verfasser die Ereignisse von einem bestimmten, rein deutsch-nationalen Standpunkt aus betrachtet, so wird doch das Recht der anderen Parteien nie beeinträchtigt, sie kommen ebenso wohl zu Wort wie die Parteigenossen des Verfassers.

Wiener „Presse": Man wird nicht leicht ein ansprechenderes Buch über 1868 lesen können, das so rasch und leicht in das Verständniß politischer Verhältnisse, Parteien und Strebungen einführt, nicht bald eines, das so durch und durch von nationalem Geiste erfüllt und erwärmt ist. Dabei liefert es eine Blütenlese der bedeutendsten Verhandlungen und Reden des Jahres und entwickelt auch bei complicirten Fragen, so z. B. bei der Darstellung des Zollparlaments, eine Klarheit und Schärfe, daß auch der völlig ununterrichtete Leser sich rasch in den Dingen orientirt. Nicht bloß dem Politiker vom Fache, sondern eben jedem, der sich für Staatsfragen interessirt, wird das Buch ein guter und zuverläßiger Wegweiser sein. Vorzüglich gelungen scheinen uns namentlich die

Ausführungen über Oestreich, Preußen, Frankreich, und Württemberg, wie denn überhaupt bei einem Süddeutschen selten eine so durchweg verständige und echt politische Auffassung, namentlich der deutschen Frage, zu finden sein wird. Da ist nichts von dem Nebel, dem Schwindel und der Gefühlspolitik der Anhänger der Gothaer, da ist nichts von ultramontanen Tendenzen, sondern von Anfang bis zu Ende verständige Einsicht und lebhaftes Gefühl für die Ehre und Größe Deutschlands. Deßhalb wird denn auch den deutschen Verhältnissen vor allem Rechnung getragen und die außerdeutschen werden hauptsächlich im Licht des deutschen Interesses betrachtet. Die Auswahl des Stoffes ist trefflich, das Urtheil gerecht und gemäßigt.

Schwäbischer Merkur: Der Verfasser ist unverkennbar in Gewandtheit der Darstellung, Entschiedenheit der Gesinnung, Sicherheit und Reife des politischen Urtheils fortgeschritten. Besondere Aufmerksamkeit hat er der süddeutschen Frage gewidmet und das Treiben derer, welche es sich zur Lebensaufgabe machen, das Werk des Grafen Bismarck zu verderben, gehörig gekennzeichnet. Er hat zu diesem Behuf nicht nur die Zeitungen und Flugschriften, sondern auch die Protokolle der Ständeverhandlungen und des Zollparlaments fleißig studirt und weiß die charakteristischen Auslassungen der Feinde der deutschen Einheit geschickt wortgetreu in seine Darstellung zu verflechten. Das Ganze ist ein vom Standpunkt der nationalliberalen Partei aus geschriebener, aber möglichst objektiv gehaltener Rechenschaftsbericht über die politischen Ereignisse des letzten Jahres, und wir zweifeln nicht, daß derselbe sich immer mehr Freunde und Leser erwerben wird.

Die Neue Welt (St. Louis): Es ist ein Irrthum, wenn man meint, die nachträgliche Darstellung und Lesung des Selbsterlebten nicht nöthig zu haben. Auch der fleißigste Zeitungsleser empfängt alles bruchstückweise, mit Wiederholungen, Unrichtigkeiten, Widerrufen und ohne Ordnung. Auch ihm kann deßhalb eine schließliche Uebersicht nur nützlich, ja nothwendig sein. Der Verfasser gibt dieselbe in sehr lesbarer Gestalt. Sein Standpunkt ist der der historischen Anerkennung und der Zuversicht auf weitere Vollendung. Man kann dem Verfasser keine Parteilichkeit der Behandlung zum Vorwurf machen. Er wird auch ferner alljährlich eine Jahresübersicht in derselben Weise liefern, und so wird sein Werk sich trefflich eignen zu Rückblicken auf das Erlebte, zumal es zu diesem Zwecke mit Registern wohl versehen ist. Die Jahrgänge sind selbstverständlich auch einzeln zu haben.

Danziger Zeitung: Der Totalüberblick, welchen eine solche Darstellung gewährt, ist von großem Werth. Man erinnert sich dabei mancher Ereignisse, welche dem Gedächtniß entfielen, und wird zu einer Vergleichung der Vorfälle in den verschiedenen Ländern veranlaßt, welche die Zeitungen nicht zu geben vermögen. Müllers Darstellung ist flüssig, lebendig und anziehend, und seine Beurtheilungsweise eine so gründliche, daß jeder Liberale fast durchweg mit ihm übereinstimmen wird. Er läßt die Ereignisse sprechen, und es ergibt sich ihm daraus die rechte Kritik derselben von selbst. Auf solche Weise liefert er ein Handbuch für die Geschichte der Gegenwart, das sehr nützlich und ungleich besser ist als das, welches in Frankreich die „Revue des deux mondes" alljährlich liefert.

Schwäbische Volkszeitung: Die Ereignisse sind nach dem Inhalte in Gruppen, wiewohl in fortlaufender Darstellung, geordnet; das Wesentliche ist mit sicherem Takte ausgewählt. Wie reichhaltig an politischen Ereignissen, Anfängen, Fortschritten und Resultaten das an kriegerischen Ereignissen arme Jahr gewesen ist, kommt uns erst wieder durch diesen Rückblick, als Spiegel unsrer Hoffnungen und Befürchtungen, zum Bewußtsein. Die Darstellung zeichnet sich aus durch Frische und Kürze, sowie durch lichte Klarheit.

Rheinischer Kurier: Die großen Fragen der Gegenwart, die inneren und äußeren, sind plastisch und gut beleuchtet dargestellt, und die einzelnen organisch vermittelnden Vorgänge gruppiren sich in präciser, interessanter Evolution neben einander. Es ist ein Genuß, ein solches Gesamtbild an sich vorüberziehen zu lassen, wie es das vorliegende Heft enthält, das das Beste, was die gesamte periodische Literatur darüber allmählich zu Tage gefördert hat, dem deutschen Volke zum Verständniß der Gegenwart, besonders seiner eigenen Geschichte, bleibend zusammengefaßt darbietet.

Grenzboten: Es ist eine fortlaufende Erzählung, frisch, bewegt, mit der lebendigen Theilnahme, die der Deutsche an der fortschreitenden Entwicklung seines Vaterlandes nimmt. Der Bewegung der öffentlichen Meinung in Süddeutschland ist ein großer Raum gegönnt und dabei die Agitation bei den Zollparlamentswahlen durch Wiederauffrischung der bemerkenswerthesten Aktenstücke aus jener Zeit in verdienter Weise dem Urtheil der Geschichte überliefert. Es ist damit Süddeutschland von einem Süddeutschen selbst ein scharfgeschliffener Spiegel vorgehalten, in welchen zu blicken nicht eben erfreulich, aber um so heilsamer ist.

Berlinische Nachrichten: Die übersichtliche Darstellung der Vorgänge des Jahres 1867 konnten wir wegen ihrer Vollständigkeit und Uebersichtlichkeit empfehlen. Jetzt liegt die Arbeit des nämlichen Verfassers über das Jahr 1868 vor, und wir können sie mit noch mehr Anerkennung besprechen. Sie enthält auf 232 Seiten mehr als eine trockene Recapitulation; es ist eine einsichtsvolle Darstellung und Beurtheilung der Ereignisse und ihres Zusammenhangs. Nichts von irgend einiger Bedeutung ist übergangen. Die Anordnung ist recht geschickt.

Ulmer Schnellpost: Diejenigen, welche den ersten Jahrgang genauer kennen gelernt haben, brauchen wir nur auf das Erscheinen dieser Fortsetzung aufmerksam zu machen; wir hoffen aber, letztere erwerben sich zu den alten Freunden noch zahlreiche neue; denn die Darstellung ist auch hier, wie wir es bei dem Verfasser gewohnt sind, lebendig und durchsichtig, der Standpunkt durchaus patriotisch, die Zusammenfassungen und die Gesichtspunkte, unter die das Einzelne gestellt ist, treffend und schlagend, und insbesondere hat der Verf. nicht verfehlt, aus den wichtigsten Reden, Noten und Berichten die charakteristischen Stellen anzuführen.

Berlinische Zeitung: Wir können das Buch jedem, der sich über die Ereignisse des verflossenen Jahres in klarer und gedrängter Darstellung, die alles Unwesentliche bei Seite läßt, unterrichten will, auf das bringendste empfehlen. Bei der stoffreichen Fülle der Gegenwart sind so geschickte und verständige Recapitulationen ein wahres Bedürfniß, selbst für den Zeitungsleser. Der mäßige Preis des Buches kommt einer weitesten Verbreitung zu Statten.

Allgemeine Familien-Zeitung: Der Verfasser, welcher seine Be=
gabung für populär geschichtliche Darstellung schon mehrfach glänzend bethätigte,
hat sich die dankenswerthe, höchst gemeinnützige Aufgabe gestellt, die politischen
Begebenheiten der Gegenwart in gedrängter Darstellung Jahr für Jahr zu ver=
zeichnen und in übersichtlichster Form und organischer, chronologischer und geo=
graphisch-politischer Gliederung gleichsam in Taschenbuchform zusammenzustellen.
So verbindet das Werk die Vorzüge einer rasch zu überblickenden Revüe mit
denjenigen einer Chronik oder eines Tagebuchs und eines Nachschlagewerks und
wird daher in den gebildeten Kreisen und Ständen sich rasch einbürgern; denn
der Schriftsteller, der Journalist, der Abgeordnete, die Magistratsperson, der
öffentliche Charakter irgend welcher Art können ein derartiges Werk nicht ent=
behren. Der vorliegende Band zeugt beredt für die Umsicht, den Fleiß und die
Gewissenhaftigkeit des Verf. und den ungemein praktischen Werth seiner Arbeit.

Deutsche Blätter: Verständige Leser werden wiederum aus dieser ge=
drängten, übersichtlich klaren, von einem besonnenen deutsch-nationalen Stand=
punkte aus beleuchteten Darstellung kaum entschwundener Ereignisse Genuß und
Belehrung schöpfen.

Europa: Die deutsche Bewegung und Gestaltung tritt dem Leser mit
allen ihren Vorgängen, Verhandlungen, inneren und äußeren Beziehungen,
Parteien und Persönlichkeiten in gedrängten und markigen Zügen entgegen, wo=
bei der Entwicklung des norddeutschen Bundes, der Thätigkeit des Reichstags
auf dem praktischen und wirthschaftlichem Gebiete, sowie dem ersten Zollparlament
ein hervorragender Platz eingeräumt ist. Dies alles ist so fließend, mit so viel
plastischem Geschick, einer so besonnenen Verwebung aller einzelnen Fäden und
mit einer solchen Wärme patriotischen Empfindens erzählt, daß das kleine Ge=
schichtsbuch, ganz abgesehen von seinem belehrenden Inhalt, einen ungemein an=
ziehenden und wohlthuenden Eindruck macht.

Süddeutsche Presse: Wir haben bereits im vorigen Jahre über den
ersten Band berichtet, mit welcher Gewandtheit Prof. Müller den inneren Wi=
derspruch, der in den Worten „Geschichte der Gegenwart" zu liegen scheint, zu
überwinden verstand. Er unterschied das Wesentliche von den Nebendingen, und
sich mit Offenheit zur nationalen Fahne und der Sache des Fortschritts beken=
nend, zog er mit klaren Strichen das Facit, welches sich für die verschiedenen
Parteien ergab. Das Jahr 1868 ist zwar anscheinend stiller gewesen als sein
Vorgänger; doch ist mehr in der Tiefe gearbeitet, als die Oberfläche verrieth.
Der Verfasser selbst ist mit seinem Unternehmen gewachsen in Schärfe des Ur=
theils, charakteristischer Zeichnung und Wahl des Stoffes. Sowohl die Aus=
wahl als die gewandte Behandlung des Stoffes zeugen für das politische Urtheil
und den Geschmack des Verfassers; die Wärme, womit derselbe trotz aller Ob=
jektivität seinen Gegenstand zu erfassen und darzustellen weiß, fesselt den Leser
in ungewöhnlicher Weise, und die schlagende Kürze, womit meistens das treffendste
Wort für Zeichnung von Parteien, Vorgängen u. s. w. gefunden wird, erleichtert
die Uebersicht und gibt der ganzen Darstellung einen frischen, anziehenden Hauch.

Das Werk ist in allen Buchhandlungen vorräthig.

Druck von J. Drager's Buchdruckerei (C. Feicht) in Berlin.

MIX
Papier aus verantwortungsvollen Quellen
Paper from responsible sources
FSC® C105338

If you have any concerns about our products,
you can contact us on
ProductSafety@springernature.com

In case Publisher is established outside the EU,
the EU authorized representative is:
**Springer Nature Customer Service Center GmbH
Europaplatz 3, 69115 Heidelberg, Germany**

Printed by Libri Plureos GmbH
in Hamburg, Germany